【文庫クセジュ】

アルジェリア近現代史

シャルル＝ロベール・アージュロン著
私市正年／中島節子訳

白水社

日本語版へのまえがき

ひとつの複雑な歴史を概説したこの小冊が、アラビア語版・英語版につづいて、このたび、日本語で刊行されることになった。これは、アルジェリアの運命にかかわりつづけてきた一フランス人歴史家にとって、この国の人びとの歴史が世界中の人びとに共有されるであろう証しである。

アルジェリア、さまざまな民族が行き交い、数々の支配を受けてきたこの地域を、フランスは植民地として統一しようとした。フランス人からすると、アルジェリアは、長期にわたる征服戦争と厄介な統治も含め、四〇年間は軍部の特権領域であった。たしかに軍隊は、十数年、抗仏の英雄アミール＝アブド・アルカーディルと闘わねばならなかった。しかし軍は、ヨーロッパから押し寄せたコロンの民政を容認しながらも、ムスリム住民には保護制をとることに成功した。第二共和制の樹立とともに、アルジェリアはフランス本国に不可欠な一部と宣言されたが、軍人たちは原住民——コロンたちは彼らにわずかな権利しか認めようとしなかったが——に対する統治権を手放そうとしなかった。やがて、植民地体制がムスリム住民全体を民政下におくことを決定したとき、「コロン」がアルジェリア全土に支配の手を広げた。

アルジェリア近現代史の枠組みは、共和主義者フランス人にとっては基本的に一八四八年から一九六二年まで、他方、現代アルジェリア人にとっては、アルジェリア国史は一九六二年にはじまり現在に至る。

時代の前後を区切るのは戦争である。先の征服戦争は、一八四八年にカビール地方占領をもって終了した。後の独立戦争（一九五四年〜一九六二年）は、フランスが県とフランス国旗を放棄して終わりを告げた。両者ともムスリム住民とフランス軍人が対峙したが、現在のアルジェリアでは政府軍とイスラミスト諸集団の内戦がこれに取って代わった。この泥沼から抜けだして、穏やかなアルジェリアが誕生するよう祈る。

シャルル＝ロベール・アージュロン

二〇〇二年八月

目次

はじめに　一八三〇年以前のアルジェリアとアルジェ遠征

Ⅰ　アルジェリアの現代と過去

アルジェリア近現代史は、伝統的フランス歴史学に従えば一八三〇年にはじまるのだが、はたしてどんなものであろうか。たしかに、国名としてのアルジェリアという言葉は一八三一年にはじめて用いられたが、オスマン・トルコ帝国の支配地アルジェ州は、十六世紀前半に海賊アルージュとハイレッディーンが創設したといわれ、フランスによって征服されるまで存続したのである。それ以前にも、中部マグリブ（アル＝マグリブ・アル＝アウサト）および東部マグリブ（イフリーキヤ）には、千古の歴史がある。そこで、近現代史への導入部として、アラブ、イスラーム・ベルベル、そしてバルバリア海賊が織りなした長い「曖昧な時代」からはじめるのが適当かとも思われる。あまり知られていないが、この間、マグリブは幾度となく勝利と栄光を味わった。このことにまったく触れないのかと非難されるかもしれない。

しかしながら、マグリブ史を数行で言いつくすこと、これは利につながらぬ賭けにひとしい。もしも不用意のまま本書を手にされたのなら、おことわりしておかねばならない。「本書は雑然としており、厳選された数ページを読めばアフリカ・イスラーム文明の神秘を解き明かしてくれるだろうという正当な期待に沿うものではない」（R・モンターニュ）。したがって、七〜八世紀のアラブによる迅速な征服や、ベルベル人国家および王国の栄華と凋落などを列挙するのはやめておく。ただ一つ、十一世紀におけるアラブ遊牧民ヒラール族の侵略は例外として扱わねばならない。というのも、この侵略が、人口希薄なベルベル地域へのアラブ系遊牧民の大量流入の発端となり、その後のマグリブ諸国の人口構成を恒久的に覆したと考えられるからである。ここで、基本的事実を記しておきたい。中部マグリブの深遠な歴史は、部族対立を越えて、民衆の意識のレベルにまで根づいたイスラームによって決定的な影響を受けている。これは、「道」(タリーカ)すなわち神秘主義的組織としての「スーフィー教団」と、マラブー(聖者)およびシャリーフ(預言者ムハンマドの後裔)という宗教的名家たちの功績である。帰依する部族民に自分の名を与え、ベルベルの地を根気よくイスラーム化し、徐々にアラブ化していったのは、これら宗教組織と宗教的名家であった。アルジェリアは長い時間をかけて文化的にも、宗教的にもイスラーム化され、明らかにオリエント的性格につくりあげられた。

Ⅱ　アルジェ州

歴史舞台の前面にあったマグリブの政治的分裂は、十六世紀以降のトルコ人による支配をみちびいた。新来の半ヨーロッパ人たちは、アフリカに国境と領土の概念をもたらした。アルジェリアの地理的枠組み、当時は西のトララから東のエル・カラ、アルジェから南下してビスクラ、さらにワルグラに至る地域は、基本的にトルコ人によって画定されたものである。しかし、スルタンの遠隔地の家臣であるアルジェ州のトルコ人たちは、その足跡を残すことなどまったく念頭になかった。私掠船長――組合(ターイファ・アッリッヤース)を作って活動――とトルコ近衛歩兵の寡頭政治は、皮肉屋ハエドの言葉を借りれば「生来のトルコ人と職業トルコ人」で構成されており、もっぱら地中海の海賊の利得に目を奪われ、部族民と交わることなく生活していた。土着住民の統治は、彼らをキリスト教徒臣民（ラアーヤー）として扱うことで、人頭税「ハラージュ」を課すという功利的な搾取に終始した。[1] アラブ・ベルベル部族の暴動に絶えず悩まされながらも、「マフザン族」に特権を与えて頼みとし、「サッフ（氏族同盟）」の分裂、敵対意識をそのままにしたほか、スーフィー教団あるいはザーウィヤ（聖者崇拝の民衆組織）の影響力を巧みに利用しながら、トルコは堅実に領域を維持した。

（1）オスマン朝では、キリスト教徒やユダヤ教徒のいわゆるズィンミーに課す人頭税をハラージュと呼んでいた。初期のイスラーム税制では、ムスリムから徴収できるのは一〇分の一であったが、収穫の半分を取り立てるハラージュによって国家収入は増えた〔訳註〕。

十九世紀初頭には、デイ（アルジェ太守）は、トルコ軍団「オジャーク」[1] によって選ばれ、イスタンブルのスルタン（トルコ皇帝）から、叙任のカフタン（マント）を受けるのが慣例となっていた。デイは、スルタンの大宰相と定期的に連絡をとってはいたが、五人のトルコ系高官からなる顧問会議（ディーワーン）の助けを得て、絶対君主として統治していた。アルジェ州は四つの行政区に分かれていた。君主であるデイの直接統治下にあったアルジェ地方は、「ダール・アッスルターン（スルタンの館）」と呼ばれた。他の三つのベイリク（ベイ管轄県）は、東ベイリク（県都はコンスタンティーヌ）、西ベイリク（同オラン）、ティトゥリー・ベイリク（同メデア）である。ベイリクは、ベイ（知事）が統治し、ハリーファ（代理官）が補佐した。ベイは徴収した税益を定められた期日にアルジェに届けることを義務づけられていた。また、各ベイリクは原則としていくつかのワタン（軍管区）に分けられ、それぞれがトルコ系あるいは土着のカーイド（軍長官）によって統治されていた。とはいえ、いずれのベイリクも実際には独立しているにひとしく、ズマーラ、すなわちトルコ駐屯部隊の形式的監視を受けるにすぎなかった。都市も同じく自治体制をとっていた。さまざまな都市行政、また手工業者やバッラーニー（外来住民たち）の組織の運営には、名目上の役人が任命されたが、実務は当事者に一任されていた。都市住民（ハダリーヤあるいはバラディーヤとよばれた）は少数（人口の五パーセント？）で、農村住民から隔絶した生活をいとなみ、バダウィー（田舎の民）とは別の人種であるかのような態度をとった。カバーイル（部族民）側も都市住民を嫌った。ヨーロッパ人たちが都市住民をモール人と呼んだのは、とくに港町でアンダルシア出身のブルジョワ階級が支配的だったからである。少数ユダヤ人共同体もモール人と起源を同じくした。これらのモール人とユダヤ人――後者はムスリムたちの反感の対象であった――は、手工業と小規模の商業を分けあっていた。しかし、アルジェ州の貿易の大部分を牛耳っていたのはイタリアのリボルノ出身のユダヤ人で、彼らはデイ直属の金融業者となり、海賊活動の後退とアルジェ国家の危機に乗じて、「アルジェ王」さながらの実権をにぎっていた。[2]

（1）「オジャーク」はトルコ語で家庭（囲炉裏）を意味する。アルジェでは、イェニチェリ兵は数十名ずつの小集団に分かれており、その小集団はオジャークと呼ばれた（一八三〇年当時、四二四のオジャーク）。各オジャークは、オダ＝バシュの指揮下にあった。将校たちはビュリュークバシュという肩書を用いた。

（2）一八三〇年当時のアルジェリアの人口は不明である。トルコ時代には、人口調査は一度も行なわれていない。当時の推定ムスリム数は、アブー・ダルバによれば二二五万、スィーディー・ハムダーンによれば一〇〇〇万である。のちの統計から推測して、およそ三〇〇万人とみるのが妥当と思われる。この数字はブータン報告書および領事デュボワ＝タインヴィル書簡と一致する。

フランス軍上陸前夜のトルコ政体は、ダルカーウィー教団が引き起こした大叛乱、役人官吏の封建化、さらに輸出の減少があいまって、きわめて弱体化していた。クルグリ（クルオール）[1]の一族がトルコ寡頭政治にうまく入り込んだり、コンスタンティーヌの領主がベイの家と姻戚関係を結んだりする例もまれにみられたが、一般に、部族民のあいだには反トルコ感情が根づよかった。部族民たちは、豪族諸集団

「ジュワード」および名家「ドゥワーイダ」[2]に属するシャイフ（族長）を長とし、マラブー（聖者）を調停者とした。「戦士アルジェ」の評判は、少しも衰えをみせなかった。海賊行為回避をねがうヨーロッパ七か国は定期的にデイに貢ぎ物を献上し、英国を含む八か国はそのほかに金品を贈った。フランスでは、一八二七年、数世紀にわたって何度もとりざたされてきたアルジェへの介入構想がふたたび浮上した。これは、はからずもアルジェ・デイ政体の衰退と重なったが、直接の動機はわずらわしい外交問題の解決にあった。

（1）アラビア語アルジェリア方言では「クルグリ」、トルコ語では「クルオール」（複数形：「クルオウルー」）。トルコ男性とアルジェリア女性との混血で、文字どおりには、奴隷の息子の意である。ブータンは、一八〇八年当時のトルコ人は一万人、クルグリは五〇〇〇人と算出した。

（2）「ジュワード」は有力な戦士諸部族の全体を指し、「ドゥワーイダ」はクライシュ族出身と称する上流貴族を指す。ジュワードはまた「マハーッル」の名でも示された。「ベニー・マハーッル」は初期アラブ征服軍の兵士の子孫。

Ⅲ　アルジェ遠征

アルジェ遠征は、王政復古時代の植民地政策として行なわれたのではない。むしろ、急場しのぎの遠征であり、同時にフランス国内問題をそらす目的があった。当時、難問を抱えていた政府は、威信をとりもどすために、なんらかの行動を迫られていたのである。

デイおよびアルジェの二人のユダヤ人商人と、フランスとの間の複雑な債務問題は、一七九八年以来決済がつかず尾をひいていたが、一八二七年四月、デイ＝フサインによるフランス領事殴打事件に発展した。このとき、デイは金儲け主義のいかがわしい人物に頑として謝罪しなかったので、外交断絶といら結末をむかえた。フランスはアルジェ海上封鎖をもって応酬し、封鎖は三年間続いた。これに対し、デイはボーヌ（現在のアンナバ）とエル・カラのフランス銀行支店を破壊し、イスタンブルのスルタンにトルコ軍の派遣を要請した。しかし、トルコの大宰相は外交官タヘル・パシャを差し向けただけであった。一八二九年八月、フランス軍使の船が砲撃されたのを機に、ポリニャック政府は、かつてエジプトのパシャ、メフメット・アリが構想したマグリブ征服を計画した。この時は、スルタンと英国の介入で、不本意ながらも計画変更を余儀なくされた。しかし一八三〇年一月末、軍事介入の決定がくだされた。一八二七年に陸軍大臣が記したように、「アルジェに対する軍事介入は、国内の政情不安に有効な気晴らしをもたらし」、さらに、「アルジェ開城の暁には、フランスに使節を要請してくるだろう」と考えられた。

六月十四日、三万七〇〇〇人編隊のフランス軍は、スィーディー・ファッルーシュに上陸した。十九日、トルコ軍は、カビール人（ベルベル人）とアラブ人を徴兵、兵力を増強して攻勢にでたが、撃退された。[1] 上陸の一〇日後、フランス軍はアルジェを庇護する皇帝の砦（カスバ）を襲撃し、この砦の占領が街の運命を決した。七月五日、デイはアルジェとカスバの明け渡し協定に調印した。仏将軍ブールモンは、「あらゆる階層の住民」に向って、彼らの自由・宗教・財産・商売、そして婦女子を尊重すると約束した。アルジェ占領の一報は、フランスでは――マルセイユの商人たちをのぞいて――たいして反響をよばなかったが、国外では少なからぬ波紋を呼んだ。

（1）仏将軍たちは、戦いの相手は五万人とみていた。フランス軍上陸直後、デイのもとに呼ばれたスィーディー・ハムダーン・ベン・オスマーンによると、「三万人の戦士」しかいなかったらしい。常備軍は、一万五〇〇〇人そこそこだった。

遠征以前はもちろんのこと、その成功のあとも、ポリニャック政府にアルジェを保持し続けようとする考えはほとんどなかった。政府の意図の一つは、トルコ軍をアジアへと追い返し、「デイの代わりにモール人あるいはアラブ人の皇子を就け、在地の政府を形成させる」ことであった。すでに四月十八日にブールモンには指示が与えられていたが、六月二十六日、ポリニャックは「フランスの特別な利害」についてオスマン政府と交渉する決心をした。つまり、アルジェとその領域はスルタンに帰属するものとし、スルタンはブーガルーン岬以東、チュニス州国境までをフランスに譲渡するというのである。それは、アフリカ仏居留地の拡大とボーヌの占拠を意味した。一方、国際会議では「ヨーロッパの共通の利益」（海賊行為と貢ぎ物の廃止）が決議された。アルジェ占領は、この計画になんら変更を加えるものではなかった。七月十五日、ブールモンは一通の指令を受けとった。「ボーヌを占拠せよ。そこはジェノヴァ人船主シアッフィノがデイ側要人として任務についている」。七月十七日および十九日、ポリニャックはイスタンブル駐在フランス大使に、交渉開始にあたっての微妙な意味あいの訓令を伝えた。内容は、「フランスが数世紀前から、主権を行使してきた領域をほんの少し拡張することを条件にアルジェ返還の交渉を始めてもよいが、いかなる調印も差し控えること、協定の合意あるいは拒否の決定は政府がくだす」というものであった。ロシア駐在フランス大使は、この協定案をロシア皇帝に伝え、ロシア皇帝からイスタンブルに外交圧力をかける約束をとりつけよと命令を受けた。

しかしながら、ブールモン将軍は、クルグリ、アラブ人およびアルジェの住民に向かって、フランス軍は「あなたたちの圧制者トルコ人を追放にきた」のであり、住民たちは昔のように「（自分たちの）国で、（自分たちの）生地の独立した主人として君臨することになろう」と宣言、アルジェをオスマンに譲渡するつもりはなかった。ブールモンは、アルジェ州は十五日以内に降伏するだろうとの見通しを述べて、「モール人もアラブ人もわれわれを解放者とみている」、「教育を受け、教養あるモール人たちとともに、新政府設立に取り組む」、そして、すでに彼らを巻き添えにしたのであるから「ふたたびトルコ支配下に陥れる」ことはできないむね、刻々と本国に伝えた。将軍は、もはや後には引けぬ状況をつくるため、現地女性を娶ってアルジェリアに住みついているトルコ人の追放にとりかかった。ボーヌ遠征に関しては、「遠征することで、コンスタンティーヌのベイに降伏を決断させうる」と将軍が期待したのも無理からぬことであった。要するに、フランス人としてアフリカ一番乗りをはたした将軍は、さまざまな主導権――ブリダへの進駐、ブージー（現在のビジャーヤ）占領の試み、オラン上陸――を発揮することで、本国政府を動かそうとしたのである。

（1）フランス政府は、「フランスと平和な関係にあった一般のトルコ人をブールモンが攻撃した」ことに不満を表明し、六月八日、政府の政策に合致しないブールモン声明文の写しすべてを没収した。第二の声明では、将軍は、「アルジェに関する将来のフランス側の意向を予告するような発言を禁ずる」との命令を受けた。第二の声明では、戦争の相手はトルコ人ではなく、デイに書き換えられている。

将軍には時間がなかった。[1]一八三〇年七月革命のあと、ブールモンが尽くしてきた新政府は、彼に退役を要求してきた。しかし、軍部は、自分たちの勝利を踏みにじるような命令には従えないと反発した。オジャークの権威は消え去った。彼らに代わって、フランス軍がアルジェ州全土において権威を代表するのは当然であった。実際、一八三〇年から一八七〇年までの四〇年間も、アルジェリアは軍隊の演習場、占有地になるのである。

（1）ポリニャックにアルジェ保持の意図があったと証言した人物が一人だけいた。正統王党派役人ボワ・ル・コントである。しかし、証拠がないので、正確なところはわからない。

第一部　軍人のアルジェリア（一八三〇〜一八七〇年）

第一章　征服

フランスの躊躇と「無政府時代」（一八三〇年七月〜一八三四年七月）

七月王政にとって、アルジェリアは「王政復古の厄介な遺産」でしかなく、方策を講じかねていた。一八三一年六月、カジミール・ペリエ内閣はアルジェ州の全面占領の意志は充分ありと表明したが、ペリエ内閣のあとはまたも政策が定まらず、一八三四年七月二十二日に北アフリカ仏領総督府を設置するまで混乱が続いた。この時には、フランスの占領地はアルジェ近郊、オラン、ブージーおよびボーヌにまで拡大していた。

トルコ政体が消滅して間もない不確実なこの時期、アルジェリア全土が混乱していた。ムスリムにとっては「無政府時代」であった。オラン地方では部族がトルコ人やクルグリ人の駐屯地に乱入する一方、モロッコ君主はみずからの権威を及ぼそうと画策していた。ティトゥリー地方ではサッフ（氏族同盟）間で戦闘がはじまり、アルジェの一部有力者たちは自分に都合のよい自治政府を夢見て虎視眈々としていた。状況は、外来キリスト教徒に立ちむかって一斉蜂起を起こすような気運にはほど遠かった。

フランスにとって好都合な状況にありながら、それを利用する能力を欠いた総司令官たちは、場当たりの政策をとることに終始した。ブールモンの後継者で横柄狡猾なクロゼル将軍は、ムスリムの指導者をとり込んで仏統治を確立するのは容易であると考えた。[1] レセップス案[2]を採用して、オランとコンスタンティーヌにチュニジアのフサイン朝ベイを配属しようとしたらしい。そのため、クロゼルは独断でチュニスのフサイン朝と二つの条約をとりかわした。第一の条約では、コンスタンティーヌのベイ管轄地の支配権をひそかに相手に与えた。(3) 第二の条約では、オランにフランス傀儡のベイをおく約束をフサイン朝からとりつけた。ところが、任命されたトルコ人ベイは、アラブ部族の反乱が相次いだため、モロッコのスルタン軍がトレムセンを占領しているというのに、それにほとんど対処できなかった。レセップスの報告を受けたフランス政府は、モロッコと戦争を引き起こしかねないクロゼルを召還した。

（1）アルジェ占領から総督府設置までの間、軍隊を指揮した歴代総司令官。①ブールモン（一八三〇年四月～九月）、②クロゼル（一八三〇年九月～一八三一年二月）、③ベルトゼーヌ（一八三一年二月～十二月）、④サヴァリ〔ロヴィゴ公〕（一八三一年十二月～一八三三年四月）、⑤アヴィザール（代理官として、一八三三年三月～四月）、⑥ヴォワロル（一八三三年四月～一八三四年九月）〔訳註〕。

（2）フランスの外交官でスエズ運河開削者。一八〇五～九四年〔訳註〕。

（3）この協定には二つのテクストが存在した。一つはチュニジア側の知らないフランス語で、クロゼルはコンスタンティーヌのベイはフランスの指揮下におくという条項をつけ加えた。クロゼルが署名したアラビア語協定文はフランス政府に報告されなかった。長いあいだ公表されなかったアラビア語文書については、別に論文を発表しているので、参照されたい。

後任の総司令官には、規律正しく用心深いベルトゼーヌ将軍が任命された。ベルトゼーヌは、積極的な政策は控えるよう命じられた。この誠実な人物は、オランには保護領の統治形態を導入し、ミティージャについては、アラブ部族のアガ（指導者）で人望のあるマラブーに頼って統治しようとした。こうした行動は、「これら蛮族の群れを遠くへ追い払い、すぐれた人間に道を与えたい」（A・エン）と願っていた植民地主義者たちの誹謗の的になった。

ベルトゼーヌの後任には、外務大臣セバスティアニ将軍の意向により、大臣の愛人の夫であるサヴァリ将軍が任命された（一八三一年十二月～一八三三年四月）。元警察長官サヴァリは、着任すると、アルジェ市民を迫害、ウッフィア族の追放を敢行、さらに通行証を信じてアルジェにやって来たアラブの指導者たちを次々に処刑した。サヴァリは、民事官との対立も辞さなかった。サヴァリの死後、代理の総司令官として就任したアヴィザール将軍、続くヴォワロル将軍は、前任者のいきすぎた所業の後始末に奔走したが、徒労に終わった。オランでも、ボワイエ将軍とデミシェル将軍がはなはだしく矛盾する行動をとった。「鬼のピエール」の異名をもつボワイエは、恐怖政治に徹した。一方のデミシェルは、一八三四年、みずからアブド・アルカーディルの後ろ盾になり、彼をトルコ人支配からの国土解放の英雄に仕立てようとしていた。

無政府状態は全土にひろがり、イスラームの名士や指導者たちは、とるべき道を模索し、統率者の出現を待ちのぞんでいた。一八三四年当時、東西に二つの勢力が存在した。東部コンスタンティーヌには、ハーッジュ・アフマドがベイとしてなお屈せずにもちこたえ、デイの後継者を自任していた。ハーッジュ・アフマドは、一致団結を高らかにかかげて、秩序維持のためには手段を選ばず、フランス人であれオスマン人であれ、交渉の相手にした。西部では、カーディリー教団[1]に属し、シャリーフ（ムハンマドの家系）のイスラーム修道士アブド・アルカーディルが、二十四歳にして、一八三二年、「アラブのスルタン」としてマスカラ地方の部族の承認を受けた。敬虔かつ勇敢、しかも若い指導者は、非ムスリムに対する「ジハード（聖戦）」を宣言し、以前のベイの館に陣を設けた。にもかかわらず、一八三四年二月二十六日、アブド・アルカーディルはデミシェル将軍がもちかけた和平を受け入れた。これが例によって、二重協定であった。一つはフランス語・アラビア語の二か国語で書かれた公式協定であったが、もう一つはアラビア語のみの秘密文書で、デミシェルはパリに内密にした。このような小細工をしたうえで、将軍は、オラン地方は降伏し、交易の自由を獲得したと政府に報告できたのである。ところが、将軍が署名していた協定では、「信徒たちの長」（アミール・アルムーミニーン）の至上権を認め、オラン東方の港町アルズウにおける商業権独占を彼に与えただけでなく、援助の約束をもしていた。デミシェルは、同盟の相手に武器までも供給した。デミシェルのおかげで、アブド・アルカーディルはマハーラズで旧トルコ・ベイ軍を打破した（一八三四年七月十二日）。この勝利は、ムスリムにとって新世紀、「アラブのシャリーフ」の時代のはじまりを意味した。

（1） この教団名は当然のことながら、教団の祖「アブド・アルカーディル・イブン・ムフイー・アッディーン」に由来している。

I 好戦体制（一八三五～一八三六年）

アルジェ州はアラブ国家に変貌しようというのか。アミール＝アブド・アルカーディルの行動は、多分にその可能性をにおわせた。ダルカーウィー教団があらたに引き起こした反乱の鎮圧を口実に、アミールは、総督ドルーエ・デルロンの通行禁止令を無視し、抵抗に会うことなく、以前のティトゥリー県に進軍したのである。しかしながら、デミシェルの交わした秘密協定の存在が総督の知るところとなり、デミシェルに代わってトレゼルがオラン地方の司令官に任命された。このトレゼルがトルコのデイ体制に仕えていたマフザン族と手を組んだ。こうして、フランス軍とアブド・アルカーディルとの戦いが再燃し、両者が対決した「ラ・マクタの戦い」は、トレゼルの無残な敗北に終わった（一八三五年六月二十八日）。

これはフランスの名誉を傷つけた。クロゼル元帥がアルジェリアに送り込まれた（一八三五年七月～一八三七年二月）。支持者たちから「新スキピオ・アフリカヌス」[1]と祭り上げられたクロゼルは、煽動的声明と無益な軍事遠征を繰り返した。元帥によれば、マスカラの占領とトレムセンの占拠で、戦争は終止符をうったはずであった。だが、その後もスィーディー・ヤークーブで敗れ、ラシュグンのフランス軍野営地を攻囲された。フランス本国からビュジョー将軍の率いる遠征隊が救援にかけつけた。ビュジョーは、「シッカークの戦い」でアミールの常備軍を撃破して（一八三六年七月六日）、意気揚々と引き揚げた。ミティージャでは、着任後二か月で駆逐したとクロゼルが豪語していたハジュト族の侵攻を受けて、状況は最悪であった。また、メデアでは、クロゼルが着任させたばかりのトルコ人ベイがアミールに捕らえられ、ボーヌでは無頼者ユースフが部族を蜂起させようと躍起になっていた。それにもかかわらず、クロゼルは、将来、コンスタンティーヌのベイの座を手に入れたいと考えていた。そして、コンスタンティーヌを征服し、あまねく「絶対支配体制」を打ち立てる必要があるとして、首相ティエールを難なく説得してしまった。しかし、後継のモレ内閣は、このマルセイユ人の熱血的行動に冷淡な対応をみせ、遠征に必要な軍隊派遣の要請を拒絶した。それでも、クロゼルの決意はかたく、七四〇〇の兵で遠征を強行した。十一月末、時あたかも雨と新雪の季節で、陣地どころか避難場所もなく、惨敗を喫した。クロゼル隊は、これによって兵力の七分の一を失った。この無謀な行動で、クロゼルが主張した「好戦体制」は信用をなくし、彼に代わってダンレモン将軍が総督に就任した。

（1） スキピオ・アフリカヌスはローマの将軍。紀元前二〇二年にハンニバルを破った〔訳註〕。

Ⅱ　制限占領政策（一八三七〜一八四〇年）

たしかに、「好戦体制」は、一八三五年以来政府がとってきた制限占領政策に矛盾していた。そこで、政府の政策支持を表明していたダンレモンにその使命が課せられた。フランスは、海岸の居留地、つまり「アルジェ、オラン、ボーヌとその管轄地域」の占領だけにとどめるつもりであった。他の地域はフランスに忠誠を誓う五人の土着の指導者に割譲して、お互いに対抗させようというのである。

政策実行にあたり、内閣は、アブド・アルカーディルとの交渉のためにビュジョーを派遣した。当時、ビュジョーは、「ブルボン家の企て」（アルジェリア遠征）で手に入れたアルジェリアが「金のかかるお荷物」になっていることに反感を抱いていた。「口うるさい一握りの世間の輩に抵抗するだけの自主性と強さがあれば、厄介払いができるのに」「好むと好まざるにかかわらず、早かれ遅かれ撤退せねばならないだろう」と、一八三六年十二月三十一日、ティエールに心境を打ち明けている。その彼も、議会では「六か月以内に和平を確立できる」と述べた。人びとはビュジョーの言葉を真に受けた。アブド・アルカーディル側は、提示された新デミシェル協定――すなわちビュジョー協定――を拒否こそしなかったが、双方が対等の協定を結ぶこととティトゥリー地方におけるみずからの権威の承認を要求した。さらに平行して、ダンレモン総督との交渉を開始するという巧妙さをみせた。ただ一人の「和平の男」を自負していたビュジョーは、ダンレモンによると「不可解な譲歩」にでた。ビュジョーは、仏主権の承認と年貢の支払いに関して譲歩したのである。つまり、タフナの駐屯地とトレムセンを放棄し、さらにティトゥリー県をアブド・アルカーディルの領地と認めた。フランスは、オラン地方ではオラン、アルズウ、モスタガネムとマザグランだけ、アルジェ地方ではアルジェ、サーヘルおよび東部のハドラ川と「オ・ドラ（その先）」に及ぶミティージャの一部を保持するにとどまった。「オ・ドラ」という不可思議な表現の解釈のちがいから、一八三九年に和平断絶という結末をむかえる。直前に、この文言を付記したビュジョーの説明によれば、それは「川の先まで（オ・ドラ・ド・ルエド）」を意味するというのであった。実は、アラビア語協定文には、はっきり「境界はハドラ川（緑の川）」――上流ではそう呼ばれたが、下流はブドゥアウ川という別の名をもっていた――と記されていた。そこで、フランス語協定が批准されたとき、大臣は「この（アラビア語）協定文はいかなるときにも公表してはならぬ」と厳命したのである。アラビア語テクストは紛失したといわれていたが、一九五一年になって、何部か保存されていたことが判明した。これが、いわゆる「タフナ協定」[1]（一八三七年五月三十日）で、アブド・アルカーディルをアルジェリアの三分の二の主権者と認め、この巨大なアラブ国家とビュジョーがフランスのために保持した「二つの小さな片隅」との平和共存をうたっていた。この協定は短命でしかなかった。というより、双方から踏みにじられる運命にあった。アブド・アルカーディルは、コンスタンティーヌに侵入し、ビスクラとその周辺のジバーン地方を占拠するという行動にでた。フランス人側も、コンスタンティーヌにあって、そこにとどまる決心をしたその日から、協定をもはや認めなかった。とはいえ、休戦状態は二年間続いた。

（1）公式協定のほかに、秘密協定が結ばれていたことが、一八三九年になってヴァレ元帥に知らされた。その秘密協定で、ビュジョーは、アブド・アルカーディルに三〇〇〇挺の銃の供与、トルコ時代のマフザン部族の指導者たちの追放、ダワーイル族の封じ込めを約束した。見返りとして、一八万金フランがビュジョーに支払われることになっていて、彼はそのうち一〇万金フランを本国における自分の選挙区の村道建設にあてるつもりであった。大臣が密約を懸念し、仏側について闘ったマフザン部族の指導者の追放を許さなかったので、この反道徳的な密約は履行されなかった。

ダンレモン総督もまた、独自にアフマド＝ベイとの交渉をはじめていた。総督は、コンスタンティーヌ地方におけるフランスの取り分をボーヌとエル・カラ郊外に限定する代わりとして、一〇万フランの年貢を要求した。トルコ艦隊の到着をあてこんでいたパシャ、アフマド＝ベイは、これを拒否した。そこでダンレモンは、「どんな犠牲を払ってでも」占拠するとして、政府からコンスタンティーヌへの進軍許可をとりつけた。準備万全の遠征は成功し、ヴァレ将軍が指揮する大砲三三門が突破口をあけると、侵略軍は家々が守備を固めていた広場へとなだれ込んだ（一八三七年十月十三日）。ダンレモンが戦闘初期に殺害されたため、ヴァレが元帥に昇格し、さらに総督に任命された（一八三七年十月〜一八四〇年十二月）。

（1）クルグリ出身で、旧トルコ時代からコンスタンティーヌに拠る勢力〔訳註〕。

示唆で、パシャ＝アフマド＝ベイとの交渉が再開され、一八三八年末まで続いた。以前にもまして不利な条件を突きつけられたアフマド＝ベイは、これを拒否し、闘争を続行した。そこでヴァレは、コンスタンティーヌ地方の大封建領主数名を臣下に任命し、保護統治政策に踏みきろうとしたが、強行策と直接統治を主張するネグリエ将軍と対立した。ネグリエを更迭したヴァレは、すでに戦略上の要地を占拠していたコンスタンティーヌ地方を意のままに組織することができた。ヴァレは、多くの点で旧来の組織を踏襲しつつ、コンスタンティーヌ駐在の将軍に全体の管轄権を与えたうえで、地方行政を八名のムスリム有力者(1)に任せた。沿岸部――ストーラ＝コンスタンティーヌ＝エル・カラを結ぶ三角地域――のボーヌ郡区は、コンスタンティーヌ駐在将軍による直接統治が宣言された。つまり、ボーヌ郡区は四軍管区に分割され、それぞれをフランス人上級将校に委ね、各将校を一人の族長が補佐するかたちをとった。この制度は明らかにに民政への移行を見越したものであった。後に同制度がアルジェリア全土に適用されることをみれば、ヴァレ元帥の政治的構想力がいかに優れていたかが窺い知れる。

（1）三人のハリーファ（サーヘル、ファルジーワ、メジャーナ）、三人の大カーイド（ハナーンシャ族、ハラクタ族、アミール・シャラーガ族）と、ハリーファの身分をもつ二人の有力者、コンスタンティーヌのハーキムとシャイフ・アル・アラブ。

仏支配の拡張により、アミール＝アブド・アルカーディルとの戦争再開は不可避となった。アミールが休戦を利用して権力の増強と国家の組織化を進めていたからなおさらである。一万人におよぶ常備軍の活躍で、アミールは南オラン地方の遊牧民を服属させ、またティトゥリー南部の部族を征服した。さらに、ザイトゥーン川――ブージーの東二〇キロメートル――流域のクルグリを虐殺し、ビスクラのアフマド＝ベイを追放したうえ、ティジャーニー教団の本拠地であったアイン・マーディー――アルジェの南四〇〇キロメートルにあるオアシス都市ラグワートから西へ六〇キロメートル——の城砦を徹底的に破壊した。アミール＝アブド・アルカーディルは、なんとか領土の統一をはかろうと、特権的なマフザン諸部族とラアーヤー（隷属民）諸部族の差別をなくし、また侮辱的な「ハラージュ税」——この場合は非ムスリムに課せられた人頭税——を廃止して、イスラーム法に基づく十分の一税「ウシュル」[1]を採用した。アミールが属したカーディリー教団と敵対関係にある諸教団との戦いはなおも続いていたが、彼は好戦的な豪族名望家たちを排し、宗教的貴族「シャリーフ」を首尾一貫して支持した。それゆえに、豪族諸集団ジュワードは、総じてアミールを敵に回して戦ったのである。アブド・アルカーディル政府の本質は、神権政治であり、アミールは神と預言者ムハンマドの代弁者として、信徒に向って話した。この指導者のなかに近代的な一面があるとみるむきもあるが、トルコ人やヨーロッパ人から行政上、軍事上の技術をいくらか学んだにすぎない。まさしくムスリムであるアブド・アルカーディルは、コーランに基づく法を適用することで満足していた。

（1）原文には「コーランによる」とあるが、ウシュルの規定はコーランにはない〔訳註〕。

すなわち、アブド・アルカーディルの行政制度は、次のようであった。まず数個の部族をアガ（郷長）のもとに集結させて、その管轄地域を「アガリク（郷）」とし、さらに数個のアガリクごとにハリーファ（代理人）を任命、その管轄地域を「ハリーファリク」（およそフランスの県の大きさ）と呼んだ。一八三九年当時、アミール領は、八つのハリーファリクに分かれていた。ハリーファリクは、それぞれ多数のアガリクに分かれ、さらにアガリクがカーイダ（部族長＝カーイドの管轄地）、カーイダがシャイハ（氏族長＝シャイフの管轄地）というように下位区分された。しかし、このピラミッド型の行政制度が充分に機能していたわけではない。軍事面では、フランス軍にならって、内陸高地テル南部、フランス領との境界線沿いに一連の武器工場と要塞線を建設した。だが、現実に防備を強化するときには、具体的な目標を定めていた。

休戦が長びくことは、信徒たちの長としてはその宗教的威信を失うことを意味した。また、時はフランスに有利に働いているとみたアミールは、一八三九年八月、聖戦再開を決意した。十月末、ヴァレ元帥が「ビバーン」[1]を突破した。フランスにとってこの地が不可欠と判断しての行動であったが、タフナ協定はビバーン峡谷の支配権をアブド・アルカーディルに認めており、ヴァレの行動は「開戦の名目」を与えることになった。アミールはヴァレに宣戦を布告し、十八日後、ミティージャに進攻した。四万の兵しか保有していなかったヴァレは、前線の斥候部隊を撤退させたうえで援軍を要請し、翌一八四〇年の春になって、あらためて攻撃にでた。しかし、アミールが直接の交戦を避けて陽動作戦[2]にでたので、ヴァレの攻撃はさながら「闇夜に銃砲」でしかなかった。首相に返り咲いたティエールは、ヴァレを無能と決めつけ、制限占領は非合理と結論をくだした。ティエールは、ヴァレに代えて「アブド・アルカーディルを破った唯一の男」ビュジョーの任命を考えていた。

(1) アルジェの南東一八〇キロメートル、カビール地方にある峡谷で、難所として有名。「鉄の扉」とも呼ばれる。ビバーンとは複数の門の意〔訳註〕。

(2) 攻撃されると逃げ、すきがあればゲリラ攻撃をしかけるという作戦。またこの作戦の一つとして通信線を妨害した〔訳註〕。

Ⅲ 全面征服(一八四一〜一八四七年)

ビュジョーは、それまでの意見をひるがえし、「完全」征服を目指す「大軍による容赦なき戦い、アフリカ大進攻」の意向を表明した。長期内閣スルト＝ギゾのおかげで、ビュジョーは総督として七年間とどまった（一八四一年二月〜一八四七年九月）。ビュジョーは、欲しいものはすべて手に入れたばかりか、アフリカではつねに予算以上の兵力を保有した（一八四二年には八万三〇〇〇人、一八四六年は一〇万八〇〇〇人）。さらにフランス隊は、さまざまな現地兵（約一万人）で強化された。こうした数々の利点のおかげで、最後にはビュジョーが勝利を収めたのである。その軍事的才能はともかく、彼は並外れたリーダーではあった。ピトワによれば、ビュジョーは「焦土戦」を展開した。つまり、彼は、前任者たちが認めなかった小部隊編成による遠征方式に戻し、降伏しない地域を略奪し、組織的に破壊していったのである。ビュジョーは、「アラブ人を追いかけるのはよせ。彼らが種を蒔き、収穫し、家畜に草を食わせるのを妨害するのだ」とくりかえした。一八四一年を境に、侵掠はその目的を達成するために組織化された。たちまちにして成果をあげたこの「平定」作戦は正当化されたかにみえたが、実際には戦争は長期化し、アラブ人たちの恒久的離反につながった。

フランス隊は、アミールの新都タークダームトと旧都マスカラを壊滅させ、またハーシム族、ついでフリッタ族を襲撃したのち、アブド・アルカーディルに従っていた地方を手当たり次第に略奪し、アルジェリア西部高原（テル）の諸都市を占領した。ビュジョーは、交渉しだいでアブド・アルカーディルと彼の有力武将たちを分裂させることも可能と確信していたが、失敗した。そのため、一人またひとりと追撃せねばならなくなった。征服した地域の統治には、常設哨所網が有効に機能した。ほかにも哨所網を張りめぐらせ、遊牧民の麦の補給を規制することで、南部一帯の監視が可能になった。三年間の戦いで資源が尽きたアブド・アルカーディルは、移動首都スマーラ[1]の敗残兵たちを救うため、モロッコへ亡命せざるをえなくなった。一八四三年七月、ビュジョーは「由々しき戦争は終結した」と宣言、翌一八四四年の春、フランスは、なおアミールの代理人が支配していた低地カビール地方の討伐をはたした。

（1）アブド・アルカーディルに従う軍団組織。首都の実態は天幕集団であったので固定していなかった〔訳註〕。

この時、モロッコ軍の介入によって、アルジェリア国境で容易ならぬ戦いがあらたな展開をみせた。フランス軍は徹底反撃にでた。ジョワンヴィル公がタンジェ（八月六日）と大西洋岸のモガドール（現在のアッサウィーラ）を爆撃し、一方、ビュジョーはウジュダの西方「イスリー川の戦い」でモロッコ常備軍を破った（八月十四日）。タンジェ協定によって、アブド・アルカーディルの法律上の権限が剝奪され、さらにこの協定を基にしてアルジェリア・モロッコ間の国境線を定めるラ＝マグニア協定（一八四五年三月十八日）が締結された。一八四五年、スーフィー教団の呼びかけに応えるかたちで、すでに平定した地方のあちこちで戦火が再燃した。モロッコのタイビー教団は、ムハンマド・ブン・アブドゥッラーという名の「イスラームの救世主（マフディー）（神に導かれた者）」が到来するとのお告げがあったとして、オラン地方、ティトゥリー地方およびホドナ地方の山岳民に蜂起を促した。はたして、預言者の血をひく青年ムハンマド・ブン・アブドゥッラー、通称ブー・マアザ（牝山羊を持つ男）が現われ、叛乱を呼びかけた。ダフラ、シェリフ、ワルスニス地方が次々にこれに応えた。弾圧は素早かった。ペリシエは、ダフラの洞窟に逃げ込んだアウラード・リヤーフ族八〇〇人を情け容赦なく窒息死させた。同じ頃、アブド・アルカーディルはオラン地方にふたたび現われ、スィーディー・ブラヒムでフランス軍を撃破するなど、健在ぶりをみせた。一八四五年末には、中部高原とサハラ・アトラス山地の部族がまたしても蜂起し、一時は大叛乱となって、アルジェリア全土を巻き込むかとみえた。フランス軍大部隊が国内を掃討、征服し、その間に、軽装備隊は捕捉しがたいアミールとブー・マアザの追跡に向かった。一八四六年七月の蜂起に失敗した二人が、モロッコに潜入したのは間違いなかった。一八四七年、ダフラに戻ったブー・マアザがひと足さきに降伏した。(1) モロッコ軍の攻撃を受けたアブド・アルカーディルは、一八四七年十二月二十三日、降伏に応じた。アミールの降伏によって、おぼろげに形をとりかけたかにみえたアラブ国家の夢は消滅したが、アブド・アルカーディルとその時代の思い出はいまなお生きつづけている。

(1) アブド・アル・カーディル降伏後もコンスタンティーヌの元パシャ＝ベイ、ハーッジュ・アフマドはオーレス山中に立てこもって抵抗したが、一八四八年、ついに降伏した。

残るは、なおも抵抗をつづけるカビール山岳地方だけになった。総合的計画もないままに、一八五一年に大カビール地方遠征、一八五三年にはバボール・カビリー（東部小カビール）への遠征が行なわれ、一八五七年のランドン将軍が指揮した大遠征でようやく終止符がうたれた。その間にも、南部オラン地方やコンスタンティーヌ地方であらたな叛乱が起こったが、これらの地方もザアートシャ（一八四八年）、ラグワート（一八五二年）、トゥグールト（一八五四年）を順次攻略した後、平定が宣言された。こうして、アルジェリアは降伏させられた、というよりも征服されたのである。

戦争——「ゲリラ攻撃、人狩り」とビュジョーは言った——は長期におよび、ときには残虐をきわめ、兵士[1]にとっても、また無感覚になれてしまっていた将校たちにとっても士気を阻喪させるものであった。彼らの多くは戦いのなかで生涯を閉じた。補給保全と医療サービスの欠如が原因で、この戦争は植民地史上最も多くの人命を犠牲にした。敗れたムスリム側にとっては、事態はよりいっそう深刻であった。時には組織的、時には場当り的で絶えることのない侵掠——穀物倉庫の掠奪、牧畜奪取、森林伐採——により、国土は荒廃し、経済は救いようのない危機状態に陥った。やがて疫病が栄養失調の住民たちの命を奪った。

(1) 征服は召集兵で行なわれた。彼らは、強化という理由で苛酷な訓練を課せられ、一部の小隊（アフリカ外人部隊）では懲罰として、「卑劣な拷問」さえも認めていた。（アルジェの新聞『アフリク・フランセーズ』四四五ページ）。しかし、戦闘や襲撃のなかで、司令部は極端な行き過ぎにも、目をつむっていた。

戦争による破壊は道徳の破壊でもあり、問題はそれが恒久化することにある。A・ド・トクヴィルは、有名な報告書（一八四七年）で、次のように述べている。「至る所で、われわれは、その本来の用途を一部変更することによって、これらの収入――慈善、あるいは公教育の目的のために用意された宗教的寄進財産――を横領した。われわれは慈善施設を減らし、学校は壊れたままにし、キリスト教神学校を各地に建設した。われわれの周囲から光が消え、宗教学者も法学者も補充されぬままになった。つまり、われわれはイスラーム社会をかつてなかったほどの貧困、無秩序、無知と野蛮の淵に突き落としたのだ」。

一八四七年国会拡大委員会――一八名で構成――の名で作成された、この同じ報告書のなかで、トクヴィルは次のように断言する。「とりわけ、われわれのアフリカ支配の未来は、われわれが原住民をいかに扱うかにかかっている」。「原住民に服従と税を要求するだけでは充分ではなく、彼らの権利と要望を考慮する必要があり、さらに彼らの文明を発展させるように努力しなくてはならない」。「その文明とは、われわれヨーロッパ文明ではなく、彼らに固有の文明であり、その文明の道に沿って後押しすべきである」。

Ⅳ 原住民政策（一八四七年まで）

原住民に対する政策はいかにあるべきかについては、フランスでは昔から学者たちの研究テーマであり、また熱烈な論争の対象でもあった。植民地化を「油じみ」にたとえて、じわじわと部族を撃退することを主張する者、共存を説く理論家、あるいは理想主義的な「融合主義者」などが、思い思いに主義主張の弁護や意見表明を展開した。だが、一八四八年まで、フランス政府やアフリカの将軍たちは、これらの意見や論争に現実的な関心を示さなかった。したがって、これらの情熱的政治論争については、無視してよかろう。

「アラブ政策」は、経験に基づいて現地の判断で決められた。初期の統治者たちは、「アラブのアガ（郷長）」制度を設けて、アラブ人とフランス人を交互に登用してようすを見たうえで、「アラブ局」の設置に踏み切った。アラブ局は、初代局長ラ・モリシエール大尉（一八三三〜三四年）の働きで効果をあげたが、その後「アラブ問題監督局」となり、ペリシエ・ド・レイノー（一八三七〜三九年）が長に任命された。一八三九年まで存続した監督局は、ヴァレがコンスタンティーヌ地方に適用した保護領制度からヒントを得たもので、アルジェリアをヨーロッパ人の居住を認める民政地域と、植民を禁じる軍政地域とに二分しようとするものであった。

ヴァレの後任者たちは、この方式を征服したアルジェリア全体に拡大していくことで満足した。しかしながら、オラン地方で最初の軍務につき、クロゼルの方式にならったビュジョーは、まず、マフザン部族制やトルコのベイ制度に目をつけた。一八四一年にふたたび設置されたアラブ問題監督局の新局長ドゥマ（一八四一〜一八四七年）は、アブド・アルカーディルの組織を研究した結果、軍人、あるいは宗教的名家[1]に属するアラブ人指導者に委託する間接統治が良策であるとし、ビュジョーを説得した。「名家層はアラブ社会にいまなお影響力を持っており、彼らを常に重視しなくてはならないだろう」。伝統的貴族層――少なくともフランス人に奉仕しようとする貴族層――への依存は、原住民政策の規範となった。とはいえ、騒乱好きなフランス兵たち、とりわけコンスタンティーヌ地方と南オラン地方で従軍している者たちに、もはや彼らの存在は無意味になったと認めさせるには、なお時間を要した。

（1）「軍事的名家」としては、アウラード・ムクラーン家、イブン・カーナ家、イブン・アーシュール家、イブン・サイード家などがあった。「宗教的名家」としては、アウラード・スィーディー・シャイフ家、イブン・アリー・シャリーフ家、イブン・イッディーン家、アウラード・スィーディー・アラビー家、アウラード・ムバーラク家などがあった。

軍事制度も、各地方独自の組織が維持された。アルジェ州とオラン州では、アブド・アルカーディルが採用した制度が支配的であり、コンスタンティーヌ州ではトルコの制度が支配的であった。その後、カビール地方でも伝統的制度が採用された。ただし、枠組みは統一された。三つの州（軍管区）は将官によって統轄され、州（軍管区）は「連管区」に分割された。「連管区」はアブド・アルカーディルの「ハリーファ」管轄区に相当し、さらに、一つないし二つのアガ管轄地から構成される「小管区」に細分された。基本となる集団は当然のことながら部族であり、部族はいくつかのドゥッワール（天幕集団）からなる支族の集合体であった。カーイド（土民官。四四頁の注参照）またはシャイフ（さまざまな集団の長）のような下位の職は、集団内の合意により有力者が任命されるか、もしくはハリーファ、パシャガ（大郡長＝複数のアガの統率者）、またはアガ（郷長＝複数の部族集団の長）が指名する指導者が就いた。大小にかかわらず、カーイドとシャイフの基本的任務は、叛乱の防止とアラブ税（ウシュルおよびザカート）やトルコ税（コンスタンティーヌ地方のホコル）の徴収であった。[1] 彼らは徴収した税の十分の一を報酬として受け取り、さらに自分の所有地の耕作、収穫、穀物移送のために夫役権の行使を認められた。

（1）税は、一八四五年まで現物納である。この年から金納となり、小管区（セルクル）の指揮官によって、地方ごとに定められた貨幣への換算率に従って、現金で徴収された。

フランス側統治者と原住民指導者との仲介機関として、「アラブ問題局」が、一八四四年二月一日の省令に先だって設置されていた。この省令によって、各軍管区に師団事務局が設置され、各連管区および小管区にアラブ局が組織された。その構成員となった役人や通訳官は、アラビア語を話し、イスラーム社会にとけ込んでいった。彼らは、憧憬と尊敬の念に囲まれたオリエントの指導者たちのような生活をしていたため、まもなく直接統治への移行に心を動かされるようになった。しかし、ビュジョーとドゥマは、彼らの希望を公式に拒否した。それよりも、あまりにも拡大しすぎた原住民の指揮権を可能なかぎり粉砕せよと命じた。これは、土着の名士層――フランスに協力したのに、嫌疑をかけられていた――の力を弱めようとしていたフランスの政策とは裏腹に、彼らが勢力を伸ばしつつあったという状況を物語っている。それでも結局は、アラブ統治の主要な部分はふたたびアラブ局役人の手に戻った。兵士、行政官、報道官、裁判官、会計監査官、技術顧問など、あらゆる機能を果たす役人たちは、ムスリムの目には真の政府と映った。他の役人たちの嫉妬に満ちた視線を浴びつつ、アラブ局員は「強欲と不正」から部族を守った（ビュジョー発言）ために、初期コロン（入植者）たちの執拗なまでの恨みを買った。アラブ問題局は原住民に加担する行動をとったとして議会に通告され、政府から譴責を受けた。

この支配と保護の混合政策は、もともとドゥマの功績といえるのであるが、たとえば「同化政策」のように自然に始まった政策と対比する必要があろう。民政地域において、行政官や判事たちはフランス本国とかわりなく振る舞った。一八四一年から一八四二年にかけて、フランスに範をとった裁判所が設置された。裁判所は、アルジェリアの全住民に対し権能をもつと宣言し、フランス法のみを適用した。それは、何よりもイスラーム裁判官から裁判権を剥奪することを意味した。つまり、同化政策はイスラームの諸制度を破壊することであった。かくして、同化は植民地化の「旗印」になろうとしていた。

V　植民のはじまり（一八三〇～一八四七年）

一八三〇年から一八四〇年までは、自由な植民、というよりはむしろ統制なしの植民が行なわれた。アルジェが占領されたとみるや、獲物を求める一群が襲いかかり、都市の不動産を不正に売買し、土地を買い占め、森林を伐採した。アルジェ海岸からミティージャ高原に広がるサーヘル地区には昔から農地と別荘が集中していたが、一部所有者が放棄して、無人の地になったため、小作を生業とした「ハンマース」[1]だけでなく、狡猾なヨーロッパ人の土地ブローカーや「黄手袋のコロン」と呼ばれた夢想家貴族——なかには真の開拓者になった人たちもいた——が住みついた。

(1) ハンマースとは、収穫の五分の一を報酬として受け取る小作人。

クロゼル元帥を例にとると、この熱心な植民主義者は、安値で広大な土地を入手して、ミティージャを「ヨーロッパの乞食収容所」にしようとした。一本マストの大型船がスペイン、バレアル諸島、マルタ島あるいはイタリアから貧窮者の大群を運んできた。パリの労働者にドイツとスイスの移民が公式に加わった。初期入植者たちの農業は遅々として発展しなかったが、アラブ人の耕作地はヨーロッパ人の入植者たちの到来で急速に荒廃が進んだ。このこともあって、一八三九年、反仏感情が再燃したとき、これら入植地は破壊された。当時、ヨーロッパ系住民は二万五〇〇〇人に達し、うちフランス人は一万一〇〇〇人であった。

屯田兵を自認したビュジョーの夢は、軍事的かつ集団的植民であったが、そのもくろみは外れた。三か所設置しようとした軍事的植民集落は、すべて失敗に終った。孤児同然の集団生活をし、「太鼓と結ばれた（軍規に従った）」植民兵たちは、規律の厳しい集団生活を拒否し、自由を選んだ。いずれにせよ、ビュジョーは、ずっとギュヨ公爵の裁量にまかせておいた。公爵は、国家主導による一般人の植民を効果的に組織した。その基本は、村の建設と個人所有となる土地の無償払い下げであったが、少なくとも実行が期待される場合にかぎられた。植民地政府は、宗教的寄進財産（公的ハブース）の没収と、亡命者が放棄した土地およびフランスに敵対した部族の土地の接収により耕地を入手した。旧トルコのベイリク所有地と未開地は国有地と宣告された。ついには土地収用の法的手続きが定められ、部族封じ込め政策が開始された。さらに道を切り開いた軍隊の助けを得て、村の建設と開墾が進み、かなりの成功を収めた。一八四二年から一八四五年の間に、三五の植民集落が開設され、一〇万五〇〇〇ヘクタールが払い下げられた。移民が大量に流れ込んだ。一八四五年には四万六一八〇人が到来して、土地払い下げの請求は一八八二件に達した。

一八四四年と一八四六年の政令によって、非耕作地という理由による土地収用規則が設けられ、同時に土地所有制度を秩序立てようとした。しかし、約二〇万ヘクタールについて行なわれた所有資格審査は、詐取に転じた。アルジェ地方では、一六万八〇〇〇ヘクタールについて審査され、そのうちの九万五〇〇〇ヘクタールが国家の所有に、三万七〇〇〇ヘクタールがヨーロッパ人の手にわたり、ムスリムの手に戻ったのは一万一五〇〇ヘクタールにすぎない。多くの共同放牧地や休耕状態にある土地は、非耕作地と見なされた。そのため共有牧草地を失った原住民集団は、残されたわずかな土地を売り払い、移住するほかなかった。後に「土地取引・分割委員会」がこの不当処置を修正したが、それでも土地を接収された原住民に再分与されたのは二万二〇〇〇ヘクタールにとどまった。こうして無償で入手した土地を利用して、サーヘル地域とミティージャ地域に二七の植民村が建設され、あるいは拡大された。ビュジョーがアルジェリアを去る頃には、一万五〇〇〇人の農村入植者を含めて、ヨーロッパ系住民総数は一〇万九四〇〇人を数え、そのうち四万七二七四人がフランス人であった。これらフランス人たちは、もはや軍隊の保護を必要としないほどの力を備えていると感じていたにもかかわらず、なおもフランスの保護と保証を希求した。その一人は、「第一に必要なのは、アルジェリアがフランス領として必要不可欠な一部分であると法に明記することだ。報道もコロンも、この肝心な保証を得なければ心休まらない」と書き送っている（一八四五年）。

一八四五年四月十五日、アルジェリアの領土の一部——民政地域——が、本国体制に組み込まれた。一八四七年九月二十八日の政令は、一八三七年発令の市町村（コミューン）に関するフランス法をこの小さな領土に適用するとした。しかしながら、本国とのちがいは、これらの市町村の長に任命された者は報酬を支払われ、市町村の財政は主として市民権をもたない納税者の拠出に依存した点である。

これはフランス法がアルジェリア住民に適用された最初の例であるが、この例から、同化政策がどのようなものであるかがわかる。その思想は、フランス人とフランスに帰化したヨーロッパ人のみを対象とし、彼らに自由と市民権を保証し、さらに地域の必要に応じてさまざまな特権をも認めた。最初から、同化政策の思想はフランス人に完全な権利を認めようとしたのみならず、「新入りの」市民を創りだすことも意図していた（リヨーテ）。本国人は、逆に、同化はなによりもアラブ人たちをヨーロッパ文明の道に引き入れることであり、フランス法の適用はアルジェリアにおいて二つの人種を融合させるであろうと考えた。したがって、古いフランス的普遍主義の理念に従って、同化の名のもとに行なわれる植民地の要求に対して、本国はおおむね好意的な対応をみせた。このまったくの思い違いが、フランス領アルジェリアの全史を通して続くのである。

第二章　第二共和制と第二帝政下のアルジェリア（一八四八〜一八七〇年）

同化政策の開始——第二共和制（一八四八〜一八五一年）

一八四八年の革命——二月革命で王政が倒れ、第二共和制が成立——は、コロンたちにとっては軍事体制に終止符を打ち、同化政策の希望を実現するものとして、大歓迎された。現実には、アルジェリアの軍将校たちの権威はパリにおいて絶対であったが、それでもコロンたちは新しい事態に満足感を味わっていた[1]。

（1）コロンは、同化以前から、彼ら自身でアルジェリアを統治する権利を要求していた。一八四八年、彼らは、「アルジェリアに関するすべての行財政上の問題について討議する」ため、代議員を選び、アルジェリア議会を召集した。

共和国は普通選挙制を施行し、アルジェリアのフランス人たちにも、憲法制定議会に四名、立法議会に三名の代表を送ることを認めた。さらに、県議会と市町村議会の設置を決定し、議員選出の権利も与えた。しかし同時に、フランス人が多数の市町村（完全市町村）に住む外国人およびムスリムたちにも議員定数の三分の一までの代表議席が認められることになった。本国の政治家の発想によるこの制度は、一八五〇年に廃止される。アルジェのフランス人たちが、外国人や原住民に「選挙権は分不相応であり」、彼らには「特別の政体」を与えよと要求したからである。

一八四八年の憲法は、アルジェリアはフランスの領土の不可分な一部であると宣言し、本国の法体制の下におくと約束した。こうして基本的な公的業務——宗教、フランスの公教育、裁判、関税——はパリの各省庁に直結することになった。一八四八年十二月九日の法令によって、三州（軍管区）のなかの「民政地域」は、三つの県に分かれ、さらに県は郡——三県で合計一七郡——に、郡は市町村に下位区分され、それぞれ、知事、郡長、市町村長によって統治された。知事は、総督に相談せずに、各省庁や陸軍省アルジェリア局と直接連絡をとることができた。しかし、約束されていた県議会（コンセイユ・ジェネラル）が誕生したのは一八五八年であった。一八四五年に分割された三地域のうち、「混合地域」と「アラブ地域」は「軍政地域」に統合された。「軍政地域」は、これまでと同じく州（軍管区）および連管区（三三頁を参照）の将官の管轄下に置かれ、現地のアラブ局の監督のもと、原住民指導者による間接統治が維持された。一方、コロンにひどく嫌われたアラブ問題中央監督局は廃止された。この二重統治機構、すなわち民政と軍政の並存は、出だしから将軍と知事の間で対立と衝突を引き起こしたにもかかわらず、一八五八年六月までまったく変更されずに存続した。文官が「大きな権威を有する士官」に屈服していたというのが現実であった。

　第二共和制は、アルジェリアにおける所有権問題をフランスの所有権と同列に扱うことで、土地問題の解決に結びつけようと考えた。だが、アルジェから提出された草案は、イスラーム法規定を持ち出し、武力による征服（アンワによる征服）によってイスラームの支配下に入ったこの国には、私有地は存在せず、部族たちは国有地の共同用益権を保有しているにすぎない、と言葉巧みに説明していた。フランスの立法議会は、明確な態度表明を避けたが、部族が保有する土地所有権を所有者不在ということで国家に帰属させようとする案を退けた。議会は、従来の土地所有制度の維持が望ましいとして原住民の土地所有の二重性を認めた。すなわち、のちに「ミルク」と呼ばれる私有地と、「アルシュ」と呼ばれる部族集団所有地——分割しえない土地共有制のなかで暮らしてきたムスリムにとっては馴染みのない呼称——である。結局は、アルジェリアの全森林が、アルジェリア人牧民の用益権を残したまま、法律上国家の所有であると定められた。しかし、一八二七年に成立したフランス森林法は、アルジェリアの森林や灌木地が何よりも原住民の牧草地として機能しているという現実を認めなかった。法の厳格な適用により、森林の境界が定められると、土着の牧民は代々受け継いできた土地からの立ち退きを強いられるか、さもなければ法律に違反してでも留まることになった。

アルジェリアの植民地化がどうなるのかは、フランスにとって相変わらず大きな関心であった。六月暴動[1]鎮圧後、フランス国内における社会問題を解決する格好の場として、アルジェリアが注目された。議会は、首都パリから秩序維持の障害となっている不穏分子を除去するため、五〇〇〇万フランの予算を可決した。パリで失業していた職人や労働者たちが、多数、アルジェリアの土地無償譲渡を申請し、その数は一〇万件を越えた。最終的には、二万人の移民――うち一万五〇〇〇人はパリ市民――がアルジェリアの四二の新しい村に入植した。望んで困難な状況に身を投じた、これら俄か仕立てのコロンたちの大半は、畑仕事の心得が皆無であった。なかには「自分の牛を怖がる者さえいた」が、報われぬ試練に耐えるしかなかった（M・ラスティユ）。たちまちにして三〇〇〇人の死者がでて、七〇〇〇人がフランスに戻った。「県が開拓した入植村」も、それほど成功したとはいえない。それでも、一八五一年末には、ヨーロッパ人一三万一〇〇〇人（フランス人六万六〇〇〇人、外国人六万五〇〇〇人）のうち、農村入植者は三万三〇〇〇人を数えた。これら入植者たちは、都市の「旧コロン」とは考えを異にし、一八五一年十二月の国民投票ではルイ・ナポレオンのクーデタを承認した（賛成五三・四六パーセント[2]）。さらに、一八五二年十一月の帝政復活を問う国民投票では、ほぼ全員が賛成票を投じた（八九パーセント）。

（1）一八四八年六月二十三日から二十七日にかけて、パリで起こった労働者階級や失業者の大規模な暴動〔訳註〕。
（2）軍人票を含めると、六五・九六パーセントの賛成。

ムスリムにとって、この時期は、一八四五年から一八五一年の「悲惨な時代」に起こった疫病の蔓延とともに、とりわけ忘れられぬものになった。[1] 経済危機（一八四七〜一八五一年）は、コロンにも影響を及ぼしたが、それよりも、すでに三年間続いていた干ばつとイナゴの大群に苦しめられていたファッラーフ（アラブ農民）に対して、深刻な打撃を与えた。凶作と家畜の減少、さらに地方の「恐怖の食糧難」は、コレラの流行（一八四九年から一八五一年）がいかに多くの人命を奪ったかを物語っている。一八五一年の原住民人口は、もはや二三二万四〇〇〇人程度でしかなかった[2]（当時なお独立を保っていた大カビール地方の人口、一九万人はこれに含まれていない）。

（1）ムスリムの有力者たちは、黒人奴隷制の廃止をうたったスコシェール法に反対した。したがって、一八四八年に可決されても、厳格な適用はなされなかった。

（2）ちなみに、一八三〇年当時は三〇〇万人程度（一二頁の註（2）参照）〔訳註〕。

I　ランドンとアラブ局（一八五二〜一八五八年）

一八五二年から一八五八年は、軍人がふたたびアルジェリアを思いのままに支配した。経済状況が彼らに味方して、軍人たちの支配の成功はだれの目にも明らかであった。ムスリムたちもまた、この功績はアラブ局と総督ランドンの手腕によるものと認めた。

ランドン元帥は、植民地化に一所懸命とり組んだ。彼は、「みずからの手で耕し、みずからのお金で家を建て、この地で生きることを運命づけられた人びとの礎」となる、地味だが堅実な植民地化を支持し、移民と村の建設に力を注いだ。一八五三年から一八五九年の間に、五六村が建設され、農業人口は約一万五〇〇〇人増加した。土地を獲得するため、ランドンは、前任者たちと同じく部族封じ込め策、つまり森林地帯の軍事宿営作戦との類似からカントンヌマン（1）と呼ばれるようになった「土地譲渡政策」を執行した。共有の「アルシュ地」については、原住民は用益権保有者にすぎないと見なされ、必要としない分は国有財産管理局に譲渡するよう勧告された。その代わりに、政府が彼らの所有を認める「アルシュ地」には、私的所有権あるいは集団的所有権が認められた。地方レベルの指示で執行されたカントンヌマンの場合、必ずしも公式文書に記録されなかった。一八五一年から一八六一年の間に、判明しているだけでも、カントンヌマンの対象は一六部族、三四万三三八七ヘクタールにおよび、そのうち六万一三六三ヘクタールが国有地になった。ところが、譲渡された土地を原住民に賃貸するようなコロンが出はじめた。ランドンは、この政策が本来の趣旨とは違う方向に向かっていることに気づいた。そのため彼は、陸軍大臣に返り咲くと、カントンヌマン政策を無条件に拡大することに反対した。

（1）部族が伝統的に維持してきた集団的所有地を、部族の所有地と植民者に割譲させる土地とに分割、画定させる政策、またこのようにして分割、画定された土地〔訳註〕。

政府は、政府による保護植民と同時に、個人の主導による植民と出資を奨励したので、自由入植が急速に伸びた。一八五六年のコンスタンティーヌ州では、個人主導による開拓村は、数の上で政府主導のコロン開拓村をうわまわった。金融機関は、村落の建設とコロンの入植を条件に、国から広大な土地を譲り受けた。だが、約束はたいてい反故にされた。この手口で、スイスの金融業者はセティフ周辺部の一万二三四〇ヘクタールを獲得した。なかでも「ジュネーブ商会」は、二九五六人のコロンをいったん受け入れたあと、契約を破棄して彼らを強制退去させ、ムスリム小作人に開拓させて利益をあげた。こうして、一〇年間で約五万ヘクタールが五一社の手にわたり、小規模の入植に払い下げられたのは二五万ヘクタールであった。当時、ヨーロッパ人の総数は一八万九〇〇〇人、そのうち農村住民は八万三〇〇〇人に達していた。一八五六年を境に、出生率が死亡率を常にうわまわるようになった。これは、人びとが入植地を定住地として認めるようになったことを示している。

入植地は経済的にも存続を可能にしなければならない。アルジェリア・フランス間の関税のほぼ完全な廃止（一八五一年一月）、「アルジェリア銀行」（一八五一年八月）と商品取引所（一八五二年四月）の設立は、経済成長を促がした。フランスは、最初、アルジェリアを熱帯作物の供給地に仕立てようとの思惑を抱いていた。一八五〇年からはじまった綿花栽培は、「綿花飢饉」[1]に乗じて発展、一八六七年まで順調であったが、その後、生産は落ち込んだ。タバコと香辛料作物の生産は綿花よりも長続きした。しかし、コロンは高収益作物である麦にすぐ着目した。後にブドウ栽培が飛躍的に発展するまで、麦がコロンの主要生産物になった。インフラの整備も活発に進められた。道路網の整備がはじまり、一八五七年四月には鉄道網の建設も決定された。最初の大型ダムが建設され、また、干拓工事がミティージャ平原を中心に推進された。

（1）これは、綿花の一大供給地アメリカで起こった南北戦争（一八六一～六五年）に伴う綿花不足をさす。エジプトでも、この時期、綿花生産が飛躍的に増大した〔訳註〕。

部族の実質的な統治機関――アラブ人は「マフザニーヤ」と呼んだ――であったアラブ局は、この経済発展にムスリムを参画させようとつとめた。[1] まず移動農耕民を定住させて、自分の生活の安定はフランスのおかげだと思うような小規模農民層を創り出そうとした。アラブ局は、こうしてカントンヌマン政策を失敗に追い込んだ。そして原住民村を建設し、家屋、その他の建物（隊商宿、商宿など）を整備して、真の植民地化をめざした。また、マラリアと闘いながら、原住民の経済を改善しようとし、ヨーロッパの農機具や新しい作物――綿花、ジャガイモ、タバコ――を導入した。ブドウ、イチジク、オリーブ栽培の拡張、森林保護、牧羊――羊舎建設、水飲み場の設置、干し草の利用など――の発展をはかった。農業技術の知識不足、土着資本の欠乏、アラブ貧民生来の保守主義にもかかわらず、アラブ局の努力は、かなりの成果を生みだした。地理的環境に適応した生活は旧態依然のままだったが、それまで知らなかった技術と作物の利用、新資源開発——製紙原料となるアフリカハヤガネの摘み取り、鉱山の開発——は間違いなく利益をもたらした。

（1）当時のアラブ局の数は約四〇（一八七〇年には四九）、そこに配属されている士官はおよそ一五〇名であった（一八六六年には二〇六名）。他に、各事務局には、医者一名、通訳一名、アルジェリア人秘書（ホジャ）一名、書記官二名、小使い（シャーウィシュ）一名、人数は一定しないが、アルジェリア人の騎兵（スパーヒー）および憲兵（マフザニー）などが所属していたので、総勢一五〇〇～二〇〇〇名でアルジェリアを支えていたことになる。フランスが末端行政の担当者として任命した六〇〇～七〇〇人の土民官（カーイド。地域や集団の有力者が任命された）も忘れてはならない。

一八五一年から一八五七年にかけての経済的繁栄は、ひろく農民（ファッラーフ）たちをうるおした。大麦と小麦の高騰が収益を高め、麦畑の拡大につながった。しかしながら、穀物、家畜、羊毛の商品化と増大する税の現金での支払いが引き金となって、高利の貸付が著しい勢いで広がった。一八五七～五八年の経済危機、穀物価格の下落、そして一八六七～六八年の大災害で、それまでの進歩が無に帰してしまった。

第一審裁判所（マフカマ）と控訴審裁判所（マジュリス）から成る近代的イスラーム法廷が組織されたのも、この時期であった。迅速かつ無料のこの裁判は、ムスリムの代理人（ワキール）が当事者に代わって裁判にのぞむ仕組みで、裁判を受ける原住民に歓迎された。

ときには目覚ましい成果をあげたこれら数々の努力も、入植者たちには不充分と感じられた。現地人を客とする個人弁護士や、貧弱な払い下げ地で苦しむ小コロンたちは、熱狂的共和主義者たちによる「剣の政体（軍政）」に反対する運動にも後押しされて、さまざまな要求と抗議の声を高めていった。社会面をにぎわした事件（ドワノー事件）[1]で、アラブ局と軍政の責任追求のため、ジュール・ファーブルがアルジェリアに乗り込んできた。本国との同化を要求しつつ展開された「アラブ人虐待者たち」に対する抗議運動は、フランス世論の支持を得た。コロンの要求に屈したナポレオン三世は、一八五八年六月、軍事体制を廃止した。

(1) トレムセンのアラブ局の大尉ドワノーを中心とするフランス軍人たちが、アガ(郷長)および一〇数名の現地人を殺害したとされる事件で、一八五六年にオランの重罪法廷で裁判にかけられた。ドワノーは死刑判決を受けたが、二年後には恩赦を与えられた〔訳註〕。

II 新同化政策とアルジェリア・植民地省(一八五八〜一八六〇年)

同化政策の開始から一〇年がたち、あらためて打ち出された施策は、一段と急進的なもので、二年間で終わった。しかし、その後への影響は大きかった。

公教育や宗教など、直轄の省庁があつかう問題以外のすべての行政部門は、「アルジェリア・植民地省」の担当になった。総督府および諮問委員会は解散された。アルジェリアは、パリ在住のアルジェリア・植民地省大臣の手に委ねられたのである。反教権主義者で反軍国主義者、民主主義を奉じる大臣ナポレオン=ジェローム(ナポレオン一世の甥)は、行ったことのないアルジェリアを、単なるフランスの延長と考えようとした。大臣はフランスの原則と法に従って、「パリから統治し、現地で管理」するつもりでいた。民政地域はただちに二倍に拡大されて、あらたに六つの郡が設けられ、軍政地域内にも五か所に民政局が設置された。そして、一八四八年の法によって開設が約束されていた県議会が、ようやく開設された。新体制は、軍行政官の能力不足と「行き過ぎ」を正すために懲罰委員会を設置し、またこれまで無能と思われていたアラブ局民政官たちを活用した。コロンの要求で、土地売買規制が廃止された(一八五九年二月)。この間に、原住民の土地に対するカントンヌマン政策を改正する法案[1]も準備されていた。

（1）カントンヌマンによって獲得された土地に対する法的所有権を認めること、またこの政策を内陸部にまで拡大することなどが意図された〔訳註〕。

フランスのムスリムに対する政策は、着実に同化へと向かいつつあった。「われわれは、同化をもって、消滅させねばならぬ武装した強靭な民族と対峙しているのだ」と、一八五八年八月三十一日、アルジェリア・植民地省大臣は記した。大臣は、めざす目標、それは「アラブ民族の解体と融合」であると明言した。彼は、とくに土地所有者とハンマース（五分の一小作農）との関係を断ち切ることによって、土着の有力名家に大鉈を振るい、部族長の権威を弱め、部族を解体させようとした。一部のハンマースはこれを逆手にとって、借金を残したまま保護者や領主のもとを去り、民政地域のコロンのもとに職を求めた。そこではアラブ税が免除されていた。やがて、土着の経済システム、とりわけ伝統的な部族制に基づく保護関係が破壊された。一八六七年になると、その影響が顕著にあらわれる。

同じ政策は、次の大臣シャスルウ＝ロゥバに引き継がれ、一八五四年に再編成されたイスラーム法廷が廃止された。その代わりに、アラブ人にはフランスの法廷に訴える権利が与えられた。これは背教を強いられたのと同じであり、わが身に降りかかった暴力行為と受けとったムスリムたちは断固として反対した。ほとんどのムスリムがコロンの大勝利に脅威をおぼえ、動揺した。部族長や地主のなかには、他のイスラームの地への移住を選ぶ者もいた。

アラブ局と軍人は、新体制に反対し、土着社会を破滅に導く政策の大きな弊害に、皇帝ナポレオン三世の目を向けさせようとした。一八六〇年九月、皇帝は実情調査のためアルジェに赴いた。この時、皇帝はすでに、アルジェリアはコロンに委ねるべきではなかったとの思いを強くしていた。「アルジェリア問題は、植民地と呼ばれるようになった時から、本道からそれてしまった」。「フランスがまずなすべきは、もっぱら三〇〇万アラブ人を幸福にすることである」。これは政策の全面転換を意味した。一八六〇年十一月二十六日、コロンを落胆させる政令が公布された。それはアルジェリア・植民地省の廃止を通告するものであった。

この短い期間に、一七の植民地村が建設され、四六〇〇件の土地の無料払い下げが認可された。これは、何よりもコロンの政治的大勝利を意味していた。この頃から、コロンたちは県議会を思いのままに牛耳り、アラブ局を「反仏の徒党」と名指して、痛烈な批判をした。この時期にフランス政府は、植民者とムスリム原住民の調停役を放棄した。これはイスラーム社会を動揺させ、フランスに敵対する気運を高めた。事実、叛乱の時代が再来した。

一八五九年のオーレス地方の叛乱は、この政策と直接関係しないかもしれないが、一八六〇年のホドナの叛乱の場合は、カントンヌマン政策に対する不安とイスラーム裁判制度の廃止が原因であるとはっきりと認められた。同じく、一八六四年、アウラード・スィーディー・シャイフという大部族で、かつマラブー（聖者）勢力の集団が起こした叛乱は、固有の原因から起ったとしても、彼らのオラン南部の高地（テル）への進出は、アルジェリア・植民地省の政策や部族の土地に対するカントンヌマン政策がムスリム指導者を激怒させた結果である。このため、オラン側テル地方をはじめ、アルジェ西方のダフラ地方、地中海のシェルシェルを拠点とするバヌー・ムナースィル部族は、興奮に沸き立ち、カビール地方——とくに東カビール地方——もまた怒りをあらわにした。人びとの興奮を鎮め、アルジェリアにおける一八四五年以来の最大規模の反乱を粉砕するには、援軍を必要とした。しかし、コロンたちは、将校たちがみずからの存在価値を認めさせようとして叛乱を挑発したのだとして、彼らを糾弾した。

Ⅲ　ナポレオン三世のアルジェリア政策

このような状況をみれば、一八六〇年十二月、かつての体制を復活させ、総督権の強化をはかったナポレオン三世の決意がよく理解できる。公的職務——司法、公教育、宗教など——のいくつかは、なおパリに直結していたが、統治と行政は、ふたたび陸・海軍の総指揮官であるアルジェの総督の手に集中し、軍人副総督、行政顧問会議および最高顧問会議がこれを補佐した。不幸にして、新総督ペリシエ元帥はすでに老齢で、執政に対する熱意を失っていた。民事局長官メルジェ＝ラコンブは、それをよいことに、割譲された土地に私有権を認めさせる「カントンヌマン政策の合法化」と、適用地域の拡大をはかろうとした。しかし、「アラブ人のためになることをせよ」と常づね訓令していたナポレオン三世が、この方針を黙って見過ごすわけがなかった。「なかんずく、原住民に彼らの土地と権利を保障してやらねばならない」というのである。ムスリムとの「連帯・協力(アソシアシヨン)」政策を主張していた将校や学者たち——フルーリとモリスの両将軍、ラパセおよびガンディル大佐、フレデリック・ラクロワ知事、行政顧問のトマス＝イスマエル・ウルバンなど——は、農村への植民を中心とした政策は政治的にも経済的にも時代錯誤で間違っているとして、皇帝ナポレオン三世を説得した。「アルジェリアの本当の農民は原住民であり[1]」、ヨーロッパ系移民は、都市に住み、商工業に専従すべきである。国土の開発は、地域の行政機関の仲立ちによって成立する、すなわちアラブ人とヨーロッパ人との「連帯・協力」によってのみ可能になるというのである。ナポレオン三世の有名な一八六三年二月六日付書簡には、これらの議論が反映されていた。

（1）ウルバンは、「農業植民は、自然に消滅していくだろう。農業植民の消滅によって、一方では産業的農業、つまり野菜栽培や園芸が発展し、他方では、すべての周辺的仕事は移民に代わって原住民が徐々に担うようになる」と予言していた。

この書簡は、コロンの怒りをかった。論戦を挑むつもりのコロンたちには次の一文しか目に止まらなかった。「アルジェリアはいわゆる植民地などではなく、アラブの一王国である」。コロンの主張に与した一部の歴史家たちは、アラブ民族の再構築をめざそうとするこのような反植民地主義政策は糾弾すべきであると考えた。ところが、軍と意見をともにするナポレオン三世は、「フランスにとって、アルジェリアの存在は国力の増強にこそなれ、弱体の一因になってはならない。そのためには、敵対関係をやわらげ、利害の一致が必要不可欠である。原住民とヨーロッパ人との間の完全な平等と、人種間の和解が必要であり、原住民は、コロンと同様に、わたしの保護を受ける平等の権利を有すること」を望んだ。さらに、一八六三年四月二十二日の元老院決議は、原住民を安心させるため、「アルジェリアの部族民は、領地の保有者であり、その領地に対する永続的かつ伝統的用益権を享受する」と宣言した。

死を待たずして罷免されそうになった老ペリシエの抗議声明も、一八六四年の原住民の叛乱も、ナポレオン三世にそのアルジェリア政策を変更させる力はなかった。優柔不断の異名をとる皇帝は、一八六五年五月、長期の調査旅行をし、ムスリムたちに向かってくりかえし言った。「フランスは一国の民族を壊滅させるために来たのではない。……わたしは、あなたたちの福祉の向上をはかり、あなたたちを文明の恩恵にあずかれるようにし、またもっと政治にも参加できるようにしてあげたいのだ」。コロンに向かっては、公共事業に一億フランの予算を計上すると約束し、アラブ人を「同国人として」扱うように要請した。一八六五年六月二十日、皇帝ナポレオン三世から総督マク＝マホンに伝えられた勅令は、コロンの偏見と真っ向からぶつかるものであり、アルジェリアではすぐには公表されなかった。それは次のような内容のものであった。国有財産管理局や森林署員は、原住民に対していたずらに紛争を起こしてはならない。彼らが、部族民から不正に取りあげた土地については、同等の土地を返還しなければならない。原住民は、一八六三年以前の債務を根拠に、土地を差し押さえられることはない。ムスリムは、ムスリム身分を保持したまま、フランス市民権を取得することができる。さらに、皇帝はイスラーム法廷の復活、公教育の拡大、イスラーム高等教育機関の開設、原住民部隊の兵の増員などを勧告した。要するに、保護と融和、そして連帯・協力が要求された。

アルジェリア同化政策とは、「アラブ人の同化はすばらしいものだと勧めておきながら、結果はフランスの利益のために、原住民を搾取し、彼らの最も大切な伝統を犠牲にすること」でしかなかった。だが、ナポレオン三世の政策は、細部に至るまで、ラパセ大佐の手紙から直接影響を受けており、同化政策と決別しようとするものであった。それにもかかわらず、皇帝は、ムスリムもフランス人になることができ、フランス人と平等であると元老院に決議させる必要があると考えていた。決議は実際に一八六五年七月十四日に行なわれた。こうして、フランス人であるムスリムは、ムスリム身分を保持したまま、文武の職業に就け、また希望をすれば「帰化」、すなわちフランス市民権の獲得も可能になった。ユダヤ教徒にも同等の特権が与えられた。しかし、ムスリムからも、またユダヤ教徒からも、フランス市民の身分を請求する者はごくわずかしか現われなかった。(1)

(1) 一八六五年から一八七五年の間に、フランスに「帰化」したアルジェリア人ムスリムは、三七一名にすぎない。一方、一八六五年から一八七〇年に帰化したアルジェリア人ユダヤ教徒は、一四二名である。一八七〇年に議会帝政の成立により組閣したエミール・オリヴィエ内閣が、一八七〇年三月、国家参事会（コンセイユ・デタ）に集団帰化条例案を送付したのは、ユダヤ教徒たちをもっと積極的に帰化に導くためであった。法務大臣クレミューは条例を公布はしたが、案そのものにあまり期待を抱いていなかった。

一八六三年および一八六五年の二つの元老院決議によって、原住民の財産および身分に関する規定が明確になった。それだけでなく、皇帝の政策はアルジェリア人たちの前途を明るいものにした。しかし、アルジェリアのコロンたちの考えは違った。「わが同胞のコロンが夢見ているのは、ブルジョワ封建制であり、コロンが領主の役割を、原住民が農奴の役割をはたすのである」（アラブ局員のアノトー将軍）。この時から、アルジェリアのフランス人は、「アラブの皇帝」に対し、決然と反対運動を展開した。アルジェでは、バリケードが築かれ、いわゆる「バリケードの戦闘」が起こり、防衛委員会が組織された。さらに、「あなたはフランス人でありたいのか、それともアラブ人でありたいのか」という請願書がまわされた。アルジェリアの新聞に掲載されたコロンの不満の声が、皇帝の政策に反対するフランスの新聞に転載され、この話題はついにフランス議会にまで持ち込まれた。議場では次のような批判が続出した。皇帝は原住民の権利を保護し、わが同胞に犠牲を強いる。いわゆるアラブ民族を優遇するが、「カビール族」など見向きもしない。貧しい百姓たちをなおざりにして、アラブ封建制を復活させるものである。コロンたちは、この政策はコロンを孤立させるばかりか、原住民社会の発展を妨げるものだと、みずからの正当性を巧みに主張した。歴史家にとって、この論争は長いあいだ判断に苦しむ問題になった。

しかし、このような批判は的を射たものではない。この政策の真の狙いは、ムスリムを進歩させることであり、伝統的な部族制や家父長制の強化を目的とするものではなかった。というのも、すでに一八六三年の元老院決議が、部族の領域画定と行政集落の創設、つまり、議会を有するアラブ人町村「ドゥッワール＝コミューン」の創設を意図していたからである。このアラブ人町村構想が、時代遅れの部族制度解体を目的としていたのは明らかである。暫定措置として設置された「準町村」は、法的に制度化されたドゥッワールと伝統的な部族との合体集落であり、連管区レベルに設けられた。純粋アラブ人町村とフランス人町村の中間として、「混合町村（コミューン・ミクスト）」が創設され、小管区（セルクル）の指揮官が町村長の役割をはたした。混合町村には、ヨーロッパ人、ユダヤ教徒およびムスリムからなる町村委員会(コミッション・ミユニシパル)が付設された。それは、原住民の政治参加を促がし、「アラブ人共同体とフランス人共同体の連帯・協力」を実現するためであった。混合町村はいずれは自治町村(正式名称は「完全施行町村」)に昇格することになっていた。民政地域では、自治町村の増加によって、この新しい行政組織が完全に機能するようになった。ただし、原住民、ユダヤ教徒、フランス人、フランス人以外のヨーロッパ人などで構成された町村議会は、議員全体の三分の二をフランス人が占めていた。一八七〇年六月の政令によって、ついにムスリムも県議会に代表を送ることができるようになった。一八六六年には、イスラーム法廷があらためて再編され、控訴審では、従来の「マジュリス(諮問法廷)」に代わって、フランス人とムスリムの混合法廷が裁判を執行した。さらに、イスラーム法解釈のために、「イスラーム法高等評議会」が設置された。上述のようなナポレオン三世のアルジェリア政策は、「アラブ王国」という滑稽な名で呼ばれているが、この政策は、間違いなく別の正当な名で呼ばれるべき価値がある。政策立案者の一人、ウルバンは、サン=シモン的表現を用いて、「アルジェリア人のための文明政策」と的確な呼び方をした。現代なら、さしずめ「連帯・協力政策」ということになろう。

一八五八年以降、アラブ局の有能な軍将校たちは情熱を失い、アラブ局の大半は、アラブ人の言う「行政局」に変わってしまった。にもかかわらず、アラブ局は、文官たちの反対した「連帯・協力政策」を積極的に支持した。こうして結局のところ、軍人も原住民に接近していかざるをえなくなった。(1)

(1) 一八七一年、立法議会議員ジュール・ファーブルは、一八五七年に述べた見解――アラブ局が役に立っていないとし、その廃止または改革を訴えた――を修正し、次のように述べた。「アラブ局の士官たちの永遠の名誉は、原住民の友となり、友として留まることである」。

イスラームにも、深い敬意が払われるようになった。具体的には宗教建造物の新築、メッカ巡礼の復活、宗教家たちへの敬意、キリスト教への改宗勧誘の禁止などによって示された。スーフィー教団に対しては、アラブ局は寛大な姿勢を示しつつ、巧みに統制した。つまり、教団指導者たちよりも、地方の修道場のムカッディム（指導者）やシャイフ（修道場長）を優遇し、また教団指導者たちを互いに対立させて、その影響力を弱めた。

原住民たちが無知と無教育のなかに沈んでいくことを憂慮したアラブ局は、戦争や財産没収、あるいは教師の流出によって破壊されたイスラーム教育の復興に力を入れた。[1] 初等コーラン学校が軍政地域で再開された（一八六三年、二〇〇〇校）。アラブ＝フランス小学校が都市部といくつかの部族に開設され、そこでは、朝はアラビア語、夕方はフランス語の授業が行なわれた。町村が必要な予算を計上してくれない小学校については、植民地政府が助成金を与え、保護する必要があった。一八七〇年は、三六校が保護対象になった。一八六五年、教員養成を目的に師範学校がアルジェに設けられた――生徒と教師合わせて、フランス人二〇名、ムスリム一〇名。ついには公立学校へのアラブの子供たちの通学が許可されることになったが、彼らは行こうとしなかった。フランス植民地政府は学校に行かなかった人びとについて次のように考えた。「まず中等教育が上流階級に浸透すれば、そうした階級の人びとから教育は大衆のなかに広がっていくであろう」。そこで、一八五七年、最初のフランス＝アラブ中学校がアルジェに開設され、次いでコンスタンティーヌとオランに設置された。一八六七年になると、原住民職業技能学校がカビール地方のフォール・ナポレオン（ティズィ・ウズの東三〇キロメートル、こんにちのラルバ・ナイト・イラーテン）に開校された。最後に、イスラーム社会に必要な高級官吏と知的エリートの養成のために、三校のマドラサ（イスラーム高等学院）が、近代的に整備されて復興された。マドラサでは、ウドゥール（公証人）、ワキール（検事）、カーディー（裁判官）、ムフティー（法学上の諸問題に意見を述べる権威者）、マドラサの教授などが育成された。しかし、この並々ならぬ努力も、ムスリムの学生を「特別の施設に隔離して教育をしている」と非難が浴びせられた。実際、コロンたちの目には、マドラサはアラブ贔屓(びいき)の危険な運動の巣と映ったのである。

(1) 一八三六年、アラブ局の局長で士官、すぐれた歴史学者でもあったペリシエ・ド・レイノーは次のように記している。「彼らの初等教育は、われわれのところと少なくとも同程度には普及している。たいていの村や天幕集落には、読み書きの学校がある」(『アナール誌』第一巻、三〇三ページ)。「モスクが保有する不動産(ワクフ＝ハブース)の没収により、一つの州域内で、二〇〇〇~三〇〇〇人の青年たちに教育を施していたマドラサの財源、とりわけ教育財源が失われた。一つの州内で、六〇〇~八〇〇人の学生が、法学(フィクフ)や神学の深い理解にまで到達した。彼らはイスラーム学者(ウラマー)と呼ばれている」。

ナポレオン三世の帝政は、それまで至上命令とされてきた植民地村の拡大に歯止めをかけることになった。それでも、一八六一年から一八六四年にかけて、政府は一一の入植村を建設、その後、一時期建設が途絶えたが、一八七〇年にさらに一一村増えた。一八六一年から七〇年までの一〇年間で、土地払い下げは一一万六〇〇〇ヘクタール、新たに入植したコロンは四五八〇人でしかなかった[1]。しかし、農村人口は八万六〇〇〇人から一一万八〇〇〇人に増加した。無料払い下げは一八六四年十二月で打ち切られてしまったが、購入の元手を用意できる、まじめなコロンを対象に、有償定額での払い下げは継続して行なわれていたのである。また、フランスの市民権を取得した原住民にも購入の権利があった。ところが、有償払い下げ地の大部分はフランス系の会社が買いあげてしまった。そのうえ、一六万ヘクタールのコルク樫林は、有利な条件で払い下げを受けた開拓者たちの手にわたった[2]。

(1) 一八五一年から六〇年までの払い下げ地は、二五万一五五〇ヘクタールである〔訳註〕。

(2) 最初、森林は賃貸されたが、相次ぐ火災で荒れ果ててしまった。賃貸の権利を得た人びとは、オリヴィエ内閣から、焼地全体と火災を免れた森林の三分の一、つまり七万八四五三ヘクタールを無料譲渡された。残る八万四六二三ヘクタールは、五〇七万七四〇〇フランで購入された。平均購入価格は、一ヘクタール当たり三一フランとかなりの高値であった(平均所得は二二三フラン)。

大規模な私企業も、国家経済の基盤整備のために投資するように要請された。企業は、大型公共事業を興すことを条件に、広大な国有地を入手したが、常に約束を守るというわけではなかった。「アルジェリア総合会社」は、公共事業費として一億フランを政府に支払うことと、他の事業に一億フラン融資することを条件に、一〇万ヘクタールを手に入れた。そのうち八万九五〇〇ヘクタールが、コンスタンティーヌ地方の「アズィル地」(小作地)であった。しかし実際には、会社は政府に一八七〇年までに、七五〇〇万フラン(最終的には八七〇〇万フラン)を払い込んだだけであり、融資額は推定二七〇〇万フランにすぎない。たしかに、会社は銀行を開き、五億二八〇〇万フランの手形を買い入れた。この銀行の貸付金や公共事業を利用したコロンたちは、会社が獲得した一〇万ヘクタールの農地をファッラーフ(アラブ農民)に賃貸して莫大な利益を得たことには納得せず、この農地はフランス人の入植地として充当すべきであると、ずっと後まで要求し続けた。しかしながらこの大事業政策は、五万人のヨーロッパ人をアルジェリアに呼び寄せただけでなく、道路、港湾、貯水ダムの建設など、インフラの整備をも促したので、一八七一年以降の急速な植民地化を可能にした。

Ⅳ 危機と議会帝政 [1]

一連の自然災害は、過去二〇年間の努力がすべて無駄になるほどの大打撃を与えた。イナゴの襲来(一八六六年)、動物の疫病、度重なる干ばつによって、アルジェリア内陸部は大飢饉に襲われた(一八六七年十一月から一八六八年六月)。穀物が商品化されて以来、アルジェリアの伝統的サイロは放棄されていて、穀物の蓄えがなかった。充分な援助を受けることもできぬまま、約三〇万の原住民が飢えで、あるいはチフスやコレラで死亡した。[2]

（1）フランスにおいて、一八七〇年憲法により、ナポレオンの皇帝権威が制限され、議会権限が増した政治変革〔訳註〕。
（2）公式には九か月半で死者二一万五六〇三人と発表されたが、後に政府は、過小評価であったと訂正した。新聞は五〇～六〇万人と報じていた。ムスリム人口は、一八六六年は二六五万二〇〇〇人、一八七二年は二一二万五〇〇〇人、一八七六年は二四六万二〇〇〇人と推定されている。死者をおよそ三〇万人と見積もると、一八七二年の数字は誤りということになる。

災害の責任は、軍政と「アラブ王国」政策にあるとされた。一八六八年、農業調査委員会はアルジェリアをくまなく歩きまわった。コロンたちは、ナポレオン三世のアルジェリア政策を「アラブ共産主義」だと糾弾し、委員会のメンバーに「自由に譲渡できる私有地制こそが万能薬である」と力説した。コロン代表は、「部族内に、いったん私的所有権が確立されたならば、ヨーロッパ人はただちに入りこむ用意がある。そこには、欲しいと思っている土地と足りない人手がある」と説明した。こうして、民政への移行と同化政策の推進がふたたび要求されるようになった。

一八六九年、政府は先手を打とうと、「コロンの希望と原住民の利益の両方をかなえる」基本法をアルジェリアに導入しようとした。すでに一八五二年にも、また一八六一年から六二年にかけても、同化に向けての法案が検討されてきたが、一八七〇年三月に採択された法案は、完全同化政策ではなかった。この『ランドン＝ベイク基本法』には、次のようなことが盛り込まれていた。[1]すなわち、民政県と「原住民」県に分けられるが、アルジェリア全体がアルジェ駐在相の統治下に置かれ、予算の自治を与えられる。また、ムスリムも、最高国務会議を含むすべての議会に代表を送ることができる、との内容であった。その後の政府修正で、ムスリムとフランス人は単一選挙母体を構成するとされた。[2]コロンは、母国から切り離されることを恐れて、特別基本法全面反対をとなえ、代わりに原住民のうちの納税者をフランス共同体のなかに編入することと、「一八六三年の元老院決議によりアラブ人に返還された土地の取り戻し」を要求した。批判的な意見を述べた。パリの立法府において、コロン代表者たちは、法案は「自治論者のもの」であり、ムスリムに与えられる政治的権利は、「フランス人住民の感情を傷つけるものである」という批判的な意見を述べた。賛否両論の激しい議論が交わされたが、この基本法は民政の樹立を意図しており、民政はヨーロッパ人と原住民の融和を促すとして満場一致で可決された（一八七〇年三月九日）。

（1）法案は、ランドン元帥を長とする一八六八年の農業調査委員会の報告をもとに、ベイク元老院議員によって起草されたので、こう呼ばれる〔訳註〕。

（2）修正前の案ではムスリムに選挙権が与えられるが、いわゆるフランス人とは別の選挙母体を構成し、二重選挙制がとられていた〔訳註〕。

プレボ＝パラドル（フランス人作家、一八二九〜七〇年）は、「まずなすべきは、ひたすらフランス植民地の拡大を目的とした法の制定であり、その後で、アラブ人にフランス人と平等の権利を与えて、彼らが生活との闘いから脱出できるようにしてやればよい」と述べた。立法府の決議は、このプレボ＝パラドルと同じ考えの人びとの気持ちを代弁していたといえよう。アルジェリアにコロンとして入植したランヌ・ド・モンドベロの表現は、もっと露骨である。「四〇〇〇万フランス人が受ける利益のために、二五〇万アルジェリア人に遠慮してもらって、どこが間違っているというのか」。議会帝政の成立とともに（一八七〇年四月）、コロンの勝利が確実なものになった。議会帝政は共和派への譲歩であり、帝政の弱体化を意味し、帝政に支えられた軍主導のアルジェリア植民地政策の修正は免れがたかった。オリヴィエ内閣はコロンたちの意見を入れて、「原住民たちが共同で所有している土地に、私的所有権を認める」政令をだした。ムスリムの指導者たちは、この政令は、伝統的な土地所有権と原住民社会の解体を宣言するものであるとして反対し、「コロンによる支配」は絶対に受け入れられないと表明した。コロンはこれを聞き流した。彼らには、「アラブ人は、もはや無力であり、反乱を起こす可能性はない」との確信があった。

（1）一八七〇年五月、議会帝政の政策の是非を問う国民投票が行なわれた。アルジェリアのフランス人票は、反対五三・六パーセント、賛成四二・八パーセント。陸海軍の票はまとめて記録され、アルジェリアにおける陸海軍の票は、反対一六・六パーセント、賛成八三パーセントであった。

第二部　植民地アルジェリア（一八七〇～一九三〇年）

第一章　コロンの勝利

Ⅰ　叛逆と叛乱（一八七〇〜一八七一年）

帝国の瓦解は、一八六三年いらい共和主義者を自認していたアルジェリアのフランス人たちに大歓迎された。「ナポレオン三世が『アラブ王国（ロワイヨーム・アラブ）』という言葉を口にした時から、われわれは共和主義者、すなわち帝国の仮借なき敵になった」。なかでも最も熱心な共和主義者は、民主主義者を自称し、人民の意志こそが勝利すべきであると主張した。彼らは軍事政体を打倒して、ムスリムの存在など気にすることなく、植民地化を推進するつもりであった。

アルジェリアでは、民主主義者たちの自然発生的なグループを核として、各地に「防衛委員会（コミテ・ド・デファンス）」が組織されていた。アルジェでは、一八四八年の流刑罪人であった弁護士ヴェイルモ(1)を座長とする防衛委員会が、各都市の防衛委員会と協力して、現政府を追い出し、政権を担当すると表明した。「国防政府(2)」から、民政を組織するための一連の政令を獲得し、つづいて県知事と臨時総督デュリー将軍を召還させた後、防衛委員会は文官総督の着任を要求した。しかし政府が別の将軍を総督に任命したので、アルジェ市民はこれを認めようとしなかった。十月二十八日、暴徒と民兵はアルジェ総督府を襲撃、将軍を強引に船に乗せ、追い返してしまった。次に指名を受けた総督も、着任できぬまま、海軍司令部の敷地内で待機をやむなくされた。この時から、防衛委員会は、アルジェリアの運命を手中にしようと考えはじめた。十一月七日、ヴェイルモは、「アルジェリアは、みずからのことはみずからで決めるだろう」とパリに打電し、また、コンスタンティーヌ委員会は、「われわれは、ここに至ってわれわれの独立を達成することだけに専心する」と宣言した。

（1）一八四八年の二月革命を煽動したとして、南米ギアナに流刑になり、一八五二年、アルジェリアに移送された。共和主義者として一八七〇年のアルジェ・コミューンを指導した〔訳註〕。
（2）一八七〇年九月、セダンの戦いでプロイセンに敗北した後、共和政を宣してパリに成立した臨時政府〔訳註〕。

しかし、フランス共和国政府が叛徒鎮圧の意思を表明したので、アルジェは、ラルマン将軍がアルジェリア陸海軍司令官に着任することと、オランのジャーナリスト、デュ・ブウゼが共和国高等弁務官（統治行政の責任者で文官総督）として赴任することを受け入れた。こうして、アルジェリアの分離運動（革命的コミューン運動）は挫折した。防衛委員会連合が母体となって組織されるはずの政府も実現しなかったが、コロンたちの自治領アルジェリアの夢は、なおも、ちらちら顔をのぞかせた。

戒厳令（一八七一年二月一日発令）下にもかかわらず、共和国高等弁務官は行政の最高責任者としての手腕を振るえなかった。さらに、デュ・ブウゼは地方選挙（一八七一年二月五日）で敗北し、退任した。こうした状況下でアルジェでは再び革命的コミューンが勢いを回復しようとしていた。ムスリムの反乱が拡大したとき、アルジェの革命的コミューンの勢力は、無力な後任の高等弁務官を圧倒し、都市を支配した。アルジェリアの諸都市に住むヨーロッパ人たちは、こうした状況に呆然としていた。彼らは、アルジェ・コミューンの蜂起を「反抗の論理」と呼んではみたものの、それが成功するとは思っていなかったからである。現実に、カビール地方では部族の暴動も起こっているというのに、ヴェイルモは、アルジェの秩序回復には「最小限の兵で充分だ」と高を括っていた。しかし、ティエール[1]は、不屈の男ド・ゲイドン元帥を指揮官として大軍を派遣した。「革命のカディス[2]」をめざしていたアルジェは、不本意ながら屈服した。こうして、アルジェ・コミューンは幕をとじた。

（1）パリ・コミューン鎮圧の指揮をとっていたフランスの行政長官〔訳註〕。
（2）一八六八年九月、プリム将軍を中心とする軍人がカディスで叛乱を宣言し、イサベル王を追放した、いわゆる九月革命に由来する言葉。カディスはスペイン南西部の都市。〔訳註〕。

一八七一年のアルジェリア蜂起（カビール地方のムクラーニーの叛乱）は、アルジェ・コミューンの暴動とはまったく別の原因で起こった。それでも、フランスの支配体制を揺るがすまでには至らなかった。蜂起の動機となったのは、ムスリムの間に鬱積していた不満、民政の確立、一八七〇年の普仏戦争における大敗北、さらにアルジェリア人の独立願望などである。

一八七〇年以前から、土着の指導者たちは、フランス当局によって自分たちの影響力が弱められていくのを苛立たしく感じていた。同時に、ヨーロッパ系住民とムスリムの関係も悪化し、責任者たちは警戒態勢をとるようになった。一八七〇年三月九日、民政への移行が宣言（正式の民政移管は一八七一年三月）されると、植民地化が部族内にまでおよび、みずからの伝統的な権威と制度が破壊されることを恐れた部族指導者たちは、フランス支配への協力を拒むようになり、部族の間に動揺がはじまった。本国で始まった戦争（普仏戦争）に、アルジェリアのフランス軍も援軍として派遣された。期せずしてフランスの敗北は被征服者たちにとって復讐の機会となった。民政という新しい体制に対する恐怖と、外国人の支配者を駆逐したいという願いは、住民の三分の一以上に武器をとらせた。

ムスリムにとって、民政はコロンの支配を意味した。民政への移行に伴い、彼らの土地の押収、ヨーロッパ人市長による統治、ムスリム身分の喪失、コロンの判事による裁判などが懸念された。アルジェリアで発行されている新聞――一八七〇年当時、一八種類――は、こぞってアラブ人部族指導者たちに警告を発した。すなわち、アラブ人たちは指導権をはじめ種々の特権を失い、また、県議会に代表を送ることもできなくなるだろうというのである。イスラーム裁判官（カーディー）たちは、フランス人治安判事に席を奪われ、法廷から排除させられるだろうと予測していた。

フランスの国防政府が打ちだした最初の方針――アルジェから派遣された委員が立案し、コンスタンティーヌ県会議員ヴィギエも一部これに参加――により、先の懸念が現実のものになった。重罪裁判陪審員制度、土着ユダヤ教徒の帰化、民政領域の拡大が次々に宣言された。一八六三年の不動産に関する元老院決議の実施は見送りとなり、県議会は解散した。

ナポレオン三世が姿を消し、アラブの部族指導者たちと友好関係を保っていた将軍や将校たちは帰還してしまった。そのうえ彼らを安心させるような強力な文民総督もいない状況下で、ジュワード（豪族諸集団）は絶望の淵に突き落とされた。残された最後の手段は、玉砕戦を挑むことであった。武力によって、彼らの力をフランス人に認めさせようとしたのである。コンスタンティーヌ地方の部族指導者の大多数は、この考えで一致していた。とりわけ、メジャーナ地方の大郡長（バシャガ）で、並々ならぬ自信と誇りを持った豪族ムハンマド・ムクラーニー――ムクラーニー家はジュワードの一集団――がそうであった。

アルジェリアの農村民衆は、フランス敗北の知らせに、いち速く反応を示した。フランス人たちのスルタン――ナポレオン三世――が捕虜となり、フランスは指導者を失い、代わってユダヤ教徒クレミューが指揮をとっていた。パリ敗北の一報に、フランスに仕える部族たちは、フランスと決別しようとしていた。フランスは解体しつつあるように見えた。アブド・アルカーディルの息子ムフイー・アッディーンの手紙がジャマーア（部族会議）の席で読みあげられた。蜂起の呼びかけであった。最も激しい敵意を抱いていた都市のムスリムたちは、「いまや無政府状態だ」「普仏戦争から戻ってきた将校はしょせん、敗北者。彼らと武力で戦おう」「絶対者として君臨してきた将軍をやっつけよう！　無名の市民に勝利を！」「カトリックの権威に反対」などと、さまざまな表現でもって蜂起を促した。他方、一部のハダル（都市民）は、以前もそうだったように、イギリスに保護を求めた。大多数のムスリムたちは、パニックに陥ったフランス人には天罰が下ったのであり、いまこそ解放の時と思った。

部族指導者たちの間には、まだ相互に嫉妬心が存在したが、伝統的「サッフ（氏族同盟）」が再組織され、一方で「農民・労働者同盟」も結成された。いくつかのジャマーアは自発的に「シャルティーヤ」（一種の公安委員会）を組織し、族長たちの監視、罰金の徴収、共通の目的のために抵抗者や離脱者の財産の差し押さえ、さらに馬、兵器、糧食などを購入した。こうして、蜂起の準備が進められた。アル・ミリーヤ——コンスタンティーヌの北西九〇キロメートル——の一部族が単独で闘争に突入した。一八七一年一月末、フランス軍基地の原住民騎兵（スパーヒー）は、陸軍大臣からフランス本国への派遣命令が出されたが、これを拒否、彼らはフランスに対する叛逆者となってスーク・アフラス——ボーヌの南一〇〇キロメートル——を襲撃した。

ムクラーニーが、部族指導者たちを率いて叛乱を開始したのはまさにこの時であった。彼は、フランス軍に対する恨み、あるいは憎悪の念から、すでに自分の領域内で叛乱の準備を進めていた。普仏間の和平条約（一八七一年二月）が締結されて、翌月にはフランス軍の上陸は必至であったにもかかわらず、一八七一年三月十四日、ムクラーニーとその一族は聖戦を宣言した。ところが、一部の部族指導者との同盟に失敗したため、ムクラーニーは、宿敵、すなわちラフマーニー教団の影響下にあり、平等主義的で信心深いカビール人平民に支援を求めざるをえなくなった。ラフマーニー教団の年老いたシャイフ（教団長）・ハッダードと、とくに息子で政略家のシ・アジーズは、ムクラーニー一族との同盟を受け入れ、四月八日、聖戦を宣言した。この呼びかけに答え、修道場（ムカッディム）の指導者たちと教団員（イフワーン）たちは、カビール地方全域の部族民を叛乱に駆り立てた。ホドナの諸部族、西部サハラ地方の諸部族、バヌー・ムナースィル部族たちも、それぞれ別の指導者の下で蜂起した。総勢八〇万近い住民が立ちあがった。しかし、首都アルジェ地方の部族民の大半は、フランスに仕える士民官（カーイド）たちに制止され、動かなかった。一八六四年以来、遊牧民の大マラブー勢力――アウラード・スィーディー・シャイフ・シュラーガ族――が断続的にフランス支配に反抗していたオランのテル山岳地でも、叛乱は広がらず静かであった。住民たちは、そこがフランス軍の監視下にあったので、むしろ遊牧部族による略奪の方を恐れていた。

およそ一〇万のムジャーヒドゥーン（聖戦の兵士たち）の戦いに連携はまったくなかった。武器もない彼らには、フランス隊に致命的な打撃を与えることは不可能だった。しかし、戦いは七か月におよんだ。

ラフマーニー教団の指導者たちが、最初に闘いを放棄した（六月三十日）。バボール高地に住むカビール人は、九月まで闘いを続けた。ムクラーニーは、自分と同様に「誇り高き」軍人であるド・ゲイドンがアルジェに滞在との情報を得た。そこで、彼ならば名誉ある降伏として受け入れてくれると思い、降伏を申し入れたが、将軍の返事はなかった。ムクラーニーが戦死した後、弟のブー・メズラークにより絶望的な戦闘が継続された。ブー・メズラークは、一八七二年一月二十日、疲労から砂漠で倒れて捕虜となり、一八七三年三月二十七日に処刑された。

弾圧は強まり、原住民の完全降伏をめざして住民を恐怖に陥れると同時に、植民地化に必要な土地と現金の入手がはかられた。叛逆者に対しては罰金刑が課せられ――実徴収額三六〇〇万金フラン――、さらに土地の差し押さえと没収も行なわれた。七つの部族共有地がフランス領として没収された。その面積は三〇万九六一四ヘクタールに達した――うち七万三〇〇〇ヘクタールは後に返還された。また三〇六の原住民集団が、二四万ヘクタールの土地を没収され、さらに差し押さえられた土地を買い戻す費用として八九二万六〇〇〇フランの支払いを課せられた。最終的には、四四万六〇〇〇ヘクタールの土地が没収され、一〇八八万一四四三金フランの現金が取り立てられた。現金の大半は、別の土地購入費に充当された。

叛逆に加わった部族民の戦費支出は、六五〇〇万金フランにのぼった。これは、彼らの財産の七〇・四パーセントに相当した。部族によっては、その後の二〇年を借金返済に費やすことになった。たいていの部族が破産した。戦いに敗れ、無一文にされた住民は、この仕打ちを許しはしなかった。とはいえ、大規模な武装蜂起はこれが最後となった。アムリーの蜂起（一八七六年）には一部族が加わったにすぎず、また、オーレス山地の騒動（一八七九年）もわずか二つの部族によって引き起こされたものであった。「南部オラン地方の蜂起」（一八八一年）は、マラブー（聖者）の一族アウラード・スィーディー・シャイフによる一連の蜂起の一つとして理解すべきであろう。この蜂起は、サハラ出身のブー・アマーマ（ターバンの男）に煽動されたアウラード・スィーディー・シャイフ族によるものであったが、蜂起の失敗は、結果的に、フランス植民地政府とアウラード・スィーディー・シャイフ族との「和解による平和」を成立させた。この蜂起は、もう一つ思いがけない結果をもたらした。「一八五三年以来、周辺地区がフランス領となったなかにあって、あくまでも自由を固守し続けていた――最悪の例――飛び地」ムザブ地域が併合されたのである。

Ⅱ　フランスへの同化政策（一八七一～一八九六年）

一八七一年の蜂起が失敗したことで、政治的にはコロンの勝利となった。フランスの軍人たちは、アルジェリアの法廷で叛乱の責任者もしくは共犯者と見なされて、信用を失墜した。同様にまた、ムスリムの発展を支援する目的をもっていた保護政策も廃止された。これ以後、アルジェリアのフランス人は、ほとんど歯止めなしに思いのままに振る舞った。アルジェリアは「小フランス共和国」になり、フランス人コロンの利害が最優先された。選挙人カードをもつことは、いわば新封建制下で貴族の肩書をもつにひとしかった。

総督ゲイドン元帥（一八七一〜一八七三年）は、コロンとほぼ同じ意見であった。ゲイドンは、「原住民の民族意識消滅」を意図した。そこで、原住民指導者を排斥することによって、「アラブ人の伝統的組織の勢力を完全に解体」しようと考えた。元帥は、民政地域を三万一五二〇平方キロメートルに拡張し、『アルジェリア原住民法』の起草にとりかかった。しかし、すべての原住民の統治をフランス人町村長に委ねることはせず、あらたに小郡区（カントン区）を広範囲に設け、そこの統治を文民あるいは軍人の役人に任せた。

次の総督、アラブ局の元将校シャンジィ将軍（一八七三〜一八七九年）も、コロンの意をくんで同化政策と植民政策を推進し、一二六の新村を建設した。しかし文官の要求を抑制し、再び軍人やムスリムに信頼をよせようとした。だが結局は将軍は取り巻きに説得され、この政策を断念せざるをえなかった。その上、将軍に反対してコロンとコロン代表の議員たちが立ち上がり、最終的には将軍は召還された。シャンジィは、民政地域の拡大（四万八六六五〇平方キロメートルに達した）および完全自治町村の増加――一八六九年に九六か所、一八七九年に一七六か所――を認めたものの、コロンの願いに反して、小郡区を旧来の「混合町村」のなかに組み入れた。

後任のアルベール・グレヴィ総督（一八七九〜一八八一年）は、「正真正銘の民間出身初代文民総督」で共和主義者である。グレヴィは、軍政の枠を大幅に削減して、アルジェリアの共和主義者に迎合しようとした。就任するなり、総督はアルジェリアの高地全域を、にわか仕立ての行政官とヨーロッパ人市長たちの権限下においた。軍政地域の住民は、もはや五〇万人しかいなかった。一八八一年末、民政地域

（一〇万四八三〇平方キロメートル）は、完全自治町村一九六、混合町村七七に分かれていた。

アルジェリアの「完全自治町村」は、フランス本国の町村とはほとんど類似性がない。一八七九年、完全自治町村の三分の一が一万ヘクタール以上の面積を所有しており、なかには三万ヘクタールに達する町村もあった。アラブ人のドゥッワール（村落）――しばしば村は一部族からなる――は、フランス人完全自治町村に財源を供給する形で、フランス人町村に実質的に結合されていた。完全自治町村は、数の増加（一八八四年に二〇九、一九〇〇年には二六一）とともに、個々の面積は減少した。しかしドゥッワールからの収奪方式は維持された。植民地での言い方によれば、フランス人町村は「土着民を喰って」生きていた。ジュール・フェリー(1)ならば、「完全自治町村とは、すなわち土着民の露天掘りである」と書いたであろう。フランス人市長は、ヨーロッパ人だけの利益を考えて予算を自由に執行し、原住民納税者に思いのままに課税した。

（1）一八三二～九三年。フランスの政治家。首相として、植民地獲得を推進、フランス帝国主義の基礎を築いた〔訳註〕。

小郡区（カントン）を前身とする「混合町村」は、完全自治町村よりもより広大な面積を有していた。各町村は平均一一万三〇〇〇ヘクタール、住民数二万人で、ほとんど全員がムスリムであった。民政地域にある混合町村は、「肩章をつけた文官」、すなわち軍服を着た行政官によって統治され、軍政地域にある混合町村は、将校がその任にあたった。一九〇〇年当時、民政地域内にあった混合町村の数は七三、軍政地域内のそれは六であった。混合町村は、いずれ完全自治町村になることが予定されていた。ムスリムにとって幸いにも、その移行は非常にゆるやかであった。

「原住民町村」は、まったく孤立した軍政地域内に設置された。こちらは、原住民問題局の将校によって統治され、ヨーロッパ人の姿はなかった。ごく少数でもフランス人のコロンあるいは文官が居住するようになれば、原住民町村は混合町村に格上げされた――一九〇〇年の時点で、原住民町村は一二だった。

同化の名のもと、アルジェリアの政治的代表権および裁判に関しては、フランス法が全面的に適用された。またアルジェリアは、植民地の特殊権益を根拠に、フランスの直接税と兵役を拒否した。兵役は、一八七五年十一月から義務となるが、アルジェリア在住のフランス人は一年間に短縮された。アラブ税の半分は従来どおりに県議会に入ることになった。ただし、クレミュー法の制定（一八七〇年）までは、県議会議員のなかにムスリムは存在せず、初めて認められた議員もわずか六名で、選挙ではなく、指名によって選出された。ところが、アルジェリアのフランス人たちは、ムスリムを県議会から排除しようとした。「彼らの存在は、フランス市民の尊厳を傷つける」という理由からだが、シャンジィは譲らなかった。ムスリムの市町村議会議員──議席数の三分の一以下と定められていた──に対しても、同じ排除運動が展開された。すなわち、アルジェリア選出の国会議員たちは、一八八四年四月七日、選挙権を認められた少数の原住民が選出できる市町村会議員の数は最高六名までと規定する政令を公布させた。ただし、議会全体の四分の一を越えないという条件つきである。さらに、これらのムスリムの議員は、市町村長および助役の選挙に参加できなかった。

行政面での同化政策は、アルジェリア指名選出の代議士によって発案され、一八八一年に施行された「併合制度」によって、あらたな活力を得た。アルジェリアはフランスに統合され、アルジェリア問題はすべてパリの各省庁の管轄になった。こうして、総督は、権限を削減され、「宮殿の無為王に等しい植民地の見張り番」に成り下がった。以後、アルジェリア選出議員──議員定数は二倍に増えた──だけが、アルジェリアの現状を知らぬパリの役人たちに対して影響力を行使することができた。トムソンやウジェーヌ・エティエンヌ──どちらもフランスの政治家で植民地主義者──に匹敵する影響力をもつアルジェリア選出の代議士たちは、ティルマン（一八八一〜一八九一年）のような凡庸な総督を尻目に、アルジェリアの事実上の支配者になった。彼らのアルジェリア統治に対する姿勢は、本国から激しい反発があったにもかかわらず、変わらなかった。

すでに、代議士ビュルドーは、その丹念な報告書（一八九一年）のなかで、コロンがムスリムに対して用いた武器、すなわちフランス化政策は誤りであると指摘していた。翌年、元アルジェリア局（セルヴィス・ド・ラルジェリ）長のジョナールは、アルジェリア統治の真実を暴露する有名な報告書を書いた。度重なる醜聞に激昂した元老院は、総督ティルマンを告訴、総督は免職になった。ついで、元老院はアルジェリア大調査の実施を決定した。元首相ジュール・フェリーを委員長とする「一八名（元老院議員）の調査委員会」は多数の証拠を収集し、ほぼ全員一致で現行の植民地政策を非難する決定を下した。ジュール・フェリーは、同化政策の弊害、アラブ人を排除する政策、土地の差押さえ、苛酷な森林管理、アルジェリアのフランス人たちの独占欲と排他性などについて、はっきりと遺憾の意を表明した。さらに彼は、「ヨーロッパ人コロンたちは、アラブの国にはヨーロッパと異なる権利が存在すること、原住民は苦しみにあえぐ運命を背負っているわけではないことを理解しようとしない」と述べ、「征服した人びとに対するコロンの精神状態」を非難した。フェリーが調査委員会メンバーに提示した改革プログラムの趣旨は次の言葉に示されていた。「程度のいかんを問わず、原住民の利益をヨーロッパ人に渡してはならない」。つまり、彼は「二つの民族が否応なく対立するはめになってしまった」アルジェリアにおいて、フランスがふたたび調停者の役目を引き受けること、そして総督が、その強い権限によって植民地統治のいき過ぎを是正できるようにすることを求めたのである。

ジュール・フェリーの推薦で、切れ者ジュール・カンボン（一八九一〜一八九七年）がコロンの利益を代表する候補者をおしのけて総督に任命された。そのため彼は、赴任初日からコロンと戦わねばならなかった。決断力と判断力を備えたこの政治家は、ムスリムを犠牲にしたくないと考え、ジュール・フェリーの改革計画を実行に移そうとしたが、アルジェリア選出議員や他の議員たちの執拗な抵抗にあった。国会演説では支持者以外からも大喝采をうけたカンボンであったが、カンボン計画は、内務省でも調査委員会でも、アルジェリア・ロビー（圧力団体）によって、ことごとくつぶされた。カンボンは、一八九六年十二月三十一日になって、やっと本国への併合政策の廃止と総督権の強化の案件を議会で可決させることができたが、その直後、トムソンとエティエンヌの再三の働きかけにより、総督を解任された。

ジュール・カンボンの更迭によって、本国に準拠した政策は平常時のアルジェリアでは通用しなことが証明された。フランス本国は、戦争あるいは原住民蜂起のような重大な危機に直面しない限り、その意見を通すことができなくなった。「フランスに同化された」アルジェリアを、実際に支配していたのはコロンたちであった。

III　植民地化の進展（一八七〇～一九三〇年）

帝政の植民地政策（ヨーロッパ人の農業植民の制限、アラブ王国の構想など）に対する反動として、共和派のアルジェリア政府は「政府による植民（コロニザシオン・オフィシエル）」政策を実施した。それは、農村に居住することを条件とする土地の無料払い下げにより、フランス人の農村入植を推進することであった。

まず、アルザス＝ロレーヌの人びとに、植民の呼びかけを行なった。というのも、本国政府はすでに一八七〇年三月、彼らに一〇万ヘクタールの良質地の払い下げを約束していたからである。ところが、ほとんどが製造業労働者という、国外追放者同然の人びとの移民は失敗であった。大金をかけて移住させた一一八三家族——一家族当たり六五〇〇フラン——のうち、村にとどまったのは三八七家族にすぎない。政府による植民政策が次に対象としたのは、東南部フランスの農民とアルジェリア在住フランス人であった。この植民はかなり成功した。一〇年間に四〇〇〇家族がフランスから移住した。一八七一年から一八八二年までの間に、総額四三〇〇万フラン相当の土地、つまり三四万七二六八ヘクタールが無料でコロンに譲渡された。植民地政府はまた一九七の入植村を創設、一八八二年には、これらの村の住民は三万人になり、その約半数の一万四一三七人が現地応募者であった。しかし、居住義務の条項をまったく無視し、原住民に小作させる植民者が続出した。さらに、土地を転売する者も多かった。一八八二年には、二三三一家族が払い下げ地を譲渡してしまった。

フランスの支配をテル地方に定着させるためには、あらたな大量移民が必要と思われた。アルジェリア選出議員たちの見積もりでは、建設の費用はせいぜい一六五〇万フランであった。ところが、一八八一年、彼らは、三八万ヘクタール——三〇万ヘクタールは原住民から獲得する——の土地に、一七五村を建設する費用として、五〇〇〇万フランを要求した。というわけで、広大な土地をあらたに収用せねばならなかった。共和主義者たちが支持した土地収用政策は、「フランス原住民保護協会」に結集した自由主義者たち全員の反対を受けた。計画の実施は見送られ、政府による植民の速度はいくらか鈍ったが、それでも政府保有地の活用や土地の収用と購入によって、この政策は継続されていった。

一八八一年から一八九〇年にかけて、一七万六〇〇〇ヘクタールが、三二〇六区画に分割されて払い下げられた。大部分は無償の払い下げであったが、一部の土地は競売にかけられ、購入者はそれをムスリムに賃貸した。一八八七年になると、国家による土地所有権の確認がふたたび実施された。すなわち「新元老院決議」である。新元老院決議では、一八六三年の元老院決議の対象外であった二二四部族に対し、部族の領域と所有地の画定が実施された。その結果、一八九九年までに、町村に割り当てられた土地以外に、約九五万七〇〇〇ヘクタールが無償で国家の所有地に編入された。そのおかげで、一八九一年から一九〇〇年の間に、一二万九七ヘクタールがヨーロッパ人コロンに譲渡された。一八七一年から一九〇〇年まで通算すると、譲渡面積の合計は六八万七〇〇〇ヘクタールになる。

「自由植民」も平行して発展した。自由植民は、一八七三年のワルニエ法（いわゆる「コロン法」）と一八八七年の補則によっていっそう推進された。ワルニエ法およびその補則は、帝国元老院令（ナポレオン法典）にとってかわる法として発布された。それは、いわゆる「共同体的」所有地を廃止するという口実のもと、原住民たちの土地共有制の解体と、分割された小区画地の譲渡を容易にすることを意図していた。合法的というより、むしろ狡猾な解釈と手段によって、法の効力はさらに高められた。小規模の共有地を買いあさる土地投機家たちは、共有地なのに譲渡可能な「ミルク地（私有地）」に分類された土地を競売にせよと要求をした。こうした要求は、公証人と取引代理人の共謀によって、原住民の共同体を破壊し、結局は土地投機家にわずかな費用で広大な土地を獲得することを可能にさせた。行政はこの不正に目をつぶっていた。醜聞が議会で暴かれ、ワルニエ法の適用が中止されたのは、一八九〇年であった。その償いとして、行政は譲渡不可とされた「アルシュ地（部族共有地）」の保護に極力つとめた（一九二二年まで）。これは、逆にいえば、植民者たちが、アルシュ地に対する行政保護の打ち切りと、その土地の完全なフランス化――私有地化してフランス法に基づかせること――を絶えず要求していたことを示している。土地に関する法律は、解釈が加えられたり修正されたりで、しだいに複雑になり、やがて自由植民にブレーキをかけるようになった。しかし、一八八〇年から一九〇八年の、コロンに有利な、廉価での土地取引は、四五万八二三ヘクタールにものぼった。つまり、フランス植民地政府は、一八三〇年から一八七〇年までの四〇年間で、四八万一〇〇〇ヘクタールしか入手できなかったのに対し、一八七一年から一八九八年ごろまでの三〇年足らずで、一〇〇万ヘクタール獲得してしまったのである。

それにくらべて、ヨーロッパ系農村人口の増加は緩やかであり、一八七一年の一一万九〇〇〇人が、一九〇〇年にようやく約二〇万人に達した。当然のことながら、大多数はフランス人であったが、非常に早い時期からスペインやマルタ島出身の相当数の農業労働者が入植していた。後に、新規の入植者数は、後者のほうがフランス人のそれよりも多くなる。とはいえ、農村入植者を増加させるという共和国の賭けはうまくいったようにみえた。アルジェリアに住み着いたヨーロッパ系住民全体の三分の一以上は、農民階層を形成していたからである。しかしながら、フランス人コロンは、語り草の「はだしで歩く」貧乏人ではなかった。大部分が、地主もしくは運試しにやってきた気楽な小作人であった。個人的な場合は別として、アルジェリアの土地は、開拓農民たちの土地というよりも、投資か投機の対象であった。コロンたちは農村に深く根を下ろすつもりはなかった。彼らにとって、農業は生活の形態というよりも、企業であった。

一八八〇年まで、植民地栽培農産物の中心は小麦であった。唯一、小麦栽培が、手持ち資金のない小コロンの定住を可能にしていた。しかしながら、農民に低利の資金貸付をする金融業者の増加と穀物価格の世界的な低下という事態に遭遇したとき、コロンたちがまず飛びついたのは投機的作物、すなわちブドウの栽培である。フランスのブドウ栽培がアブラ虫の発生によって壊滅的被害をこうむったことは、アルジェリアのコロンにとってはまたとない好機であった。彼らはこの機会を逃さず、銀行から非常に気前よく融資を受けて、テル地方をたちまちのうちにブドウ園で埋めつくした。ヨーロッパ人によるブドウ栽培の面積は、一八七八年の一万五〇〇〇ヘクタールから、一八九〇年には一一万ヘクタールに拡大した。それまでは細々と暮らしていた村や都市が、文字どおり「ブドウの大樽の上に築かれた」姿に一変した。価格暴落、投げ売りあるいは融資不足に伴う危機も、ブドウ園の発展を妨げることなく(一九〇三年、一六万七〇〇〇ヘクタール)、一九〇七〜一九一四年には輝かしい勝利を味わった。同時期、乾燥地農法のおかげで、小麦がふたたび投機作物となり、ヨーロッパ人たちは遠く南部のセルスー高原――ティアレの東方――にまで小麦畑を拡大した。このセルスー高原の開発は遅くにはじまったが、これを契機に植民地農業は新しい発展段階にはいる。

植民地化は、一九一四年以前の数年間のいわゆる黄金時代に、「油のしみ」のようにじわじわと進展していった。成り金コロンにより広大な農地が購入され（一九〇九年から一九一七年の間に、四二万七〇〇〇ヘクタール）、また、政府植民の再開により一九〇一～一九一四年の間に二〇万ヘクタール以上の農地が譲渡された。そのうち五万三〇〇〇ヘクタールは無料払い下げであった。一九一七年にはヨーロッパ人が所有する農地は二一二万三二八八ヘクタール、同じく森林は一九万四一五九ヘクタールに達した。一九一八～一九二一年には、コロンが大量に土地を売却したため、重大な危機に瀕していると伝えられていたが（売却届けは、一一万一三〇六ヘクタール）、その後、彼らの所有地はふたたび上昇したようである。一九三〇年に約二三五万ヘクタール、一九三四年には二四六万二五三七ヘクタールがヨーロッパ人の所有であった。

結局、政府植民によって一四六万八六七七ヘクタールがヨーロッパ人に譲渡された。残りは購入によるもので、一七一万二〇〇〇ヘクタールの土地に五億六二〇〇万フランが支払われた。しかしながら、ヨーロッパ人はこのうち七〇万ヘクタールを、五億三〇〇〇万フランでアルジェリア人に転売した。新しい法の制定によって、一九二八年以後、アルシュ地をフランスの土地法に基づかせることが容易になり、それまで交渉が難航しがちだったアルシュ地の売買が可能になった。

しかしながら、農村に住むヨーロッパ人の人口は増加しなかった。一九〇六年から一九二六年の間、ヨーロッパ人の農村人口はほぼ横ばいであったが、在住のヨーロッパ人全体に占める割合は、三四・六パーセントから二八・六パーセントに低下している。一九三〇年は、ヨーロッパ人の農村人口が絶対数でも減少するという、象徴的な年である。ここで、フランスは農業を基本とした植民地化を断念したといえよう。

現実に、地勢的に大型粗放農業に適し、したがって投機的農業に向かう運命にあったアルジェリアにおいて、小土地所有のコロンたちの締め出しは、早くからはじまっていた。すでに一九一四年以前に、ヨーロッパ人の農村居住者のうち土地所有者は四〇パーセントを越えていなかったし、実際に耕作に従事している者の割合は二〇パーセント以下であった。一方、賃金労働者のうちの五分の二が農村居住者であった（一九三〇年、四三パーセント）。つまり、大規模な農地経営の拡大――一九三〇年当時、ヨーロッパ人土地所有者の四分の一は、一〇〇ヘクタール以上の農地を所有していた――が、フランス人農民の移住意欲を失わせた。アルジェリアにフランス方式の小規模ブドウ栽培者を「入植させる」目的ではじまったブドウ畑も、政府植民によって入植し、小麦を栽培していたコロンの寿命を多少引き伸ばしただけであった。時が経つにつれて、穀物生産もしくはブドウ栽培に従事する大地主が払い下げ地を独占するようになり、小規模コロンたちを排除するようになった。セルスー高原では、最初は五〇〜七〇ヘクタール規模で払い下げされたのに、やがて四〇〇〜五〇〇ヘクタール規模の大土地所有者が出現するようになった。一九三〇年には、わずか二万六一五三人のヨーロッパ人が、二三四万五六六七ヘクタールを所有していた。さらに、これらの土地所有者の五分の一が、平均三一八ヘクタールの農地を所有し、彼らだけで全ヨーロッパ人所有地の七四パーセント、つまり一七二万一九七九ヘクタールを占めていた。また、土地所有者の一八パーセントの者が五〇〜一〇〇ヘクタール規模の農地を持ち、その所有面積は三六万四三六六ヘクタールに達した。

要するに、一九三〇年には、植民地化はもはやヨーロッパ的枠組みのなかの一企業でしかなかった――これは第二帝政の政策、すなわち「フランス人は都市に住み、原住民の農民を支配する」という政策の必然的な結果である。農村の植民政策は、高収益の作物の輸出量を増加――輸出額の五〇パーセントをブドウ収益が占めていた――させる方向に進んだため、「ヨーロッパ人のアルジェリア」を豊かにしたが、農村への植民の意味を完全に失わせた。この政策により、農村への植民意欲が減退し、企業家になったコロンは市場で本国の生産者と競うことになった。他方、アルジェリア人たちは、こうした政策が食糧生産を犠牲にし、アルジェリアをモノカルチャーの危険にさらすとして非難した。

都市の植民も農村の植民と平行して発展したが、植民者の数では常に前者が後者を上回っていた。行政の中心、後に経済の中心になったヨーロッパ人植民者の都市には、フランス人の役人や商人の他に、あらゆる国籍の外国人が集まった。一八七〇年から一九〇〇年にかけて、都市へのヨーロッパ人移民者の数は二六万人にのぼった。一八七二年当時、ヨーロッパ人の六〇パーセントは都市に住んでいた。この比率は、一八八六年になると六三・六パーセント、一九〇六年に六五・四パーセント、一九二六年には七一・四パーセントと増加していった。都市、とくに小都市は、まさにアルジェリアの「人種のるつぼ」であった。

政府による植民やユダヤ教徒のフランスへの帰化にもかかわらず、フランス以外の外国籍住民は、フランス人の何倍もいたようである。一八八九年六月二十六日の法は、外国人の子供には、とくに拒否しない限り、フランス市民権を取得させた。これは「自動的な帰化」であった。こうして、数字の上ではフランス国籍が優先するようになった。すなわち、一八八六年はフランス人二一万九〇〇〇人、外国人二一万一〇〇〇人、一八九六年はフランス人三一万八〇〇〇人(うち五万人は帰化による)、外国人二一万二〇〇〇人であり、一九〇一年になるとフランス人は三六万四〇〇〇人、そのうち帰化した者が七万二〇〇〇人、外国人は一八万九〇〇〇人になった。

アルジェリアの地方議員が選挙の戦術として訴えた「外国人の危険」は、もはや過去の出来事でしかなかった。それよりも、フランス人と「新フランス人」（帰化人）の融合と彼らの土着化の進展の結果、「新アルジェリア人の形成」という別の重要な問題が生じてきた。ヨーロッパ人の総人口は、一八七二年の二八万人が、一八九六年には五七万八〇〇〇人へと増加した。一八九六年以後は、アルジェリア生まれのヨーロッパ人の数が移民の数を上回るようになる。すなわち、新しい民族が誕生しつつあった。一部の政治家や煽動者たちが、「自由アルジェリア（アルジェリー・リーブル）」の時代の到来を信じたのはこの頃である。

Ⅳ　革命の失敗（一八九八〜一九〇〇年）

通称「反ユダヤ危機」で知られる危機とは、いうなれば失敗に終った革命であった。確かにこれまでにも反ユダヤ騒動は起こった。しかし、本国に対して敵対したことと、アルジェリア独立の夢を抱いたという点で、この騒動はきわめて重大であった。

ユダヤ人に対する偏見は、植民地住民、とりわけ下層のスペイン人の間に根強かった。それをあおり立てたのは急進派の政治家たちで、彼らは、ユダヤ教徒が長老会議や選挙運動家の意見に忠実に従い、集団投票をしたため、自分たちが権力から遠ざけられてしまったと考えていた。社会主義者は反資本主義の立場から、有名な反ユダヤ主義者ドリュモンの指示に忠実な極右分子は政治家としての信念から、ともに激しい反ユダヤ主義を表明した。アルジェリア人学生マッシミリアノ・ミラノ、すなわちマックス・レジス[1]は、反ユダヤ主義者とアルジェリア自治論者たちの先頭に立ち、一八九八年一月、「革命の時は来たれり。われわれの自由の木にユダヤ人の血を注ごう」と宣言した。一月二十日から二十五日にかけて、アルジェリア群衆が街頭を占拠した。アルジェリア植民地政府もこれに同調、一八九八年五月、四名の「反ユダヤ主義者」（うち一人はドリュモン）が代議士に選出された。ところが、ここに至って、反ユダヤ戦線は分裂した。ミラノ兄弟がフランスに敵対的なヨーロッパ系外国人に支援を求めたからでもあり、また総督ラフェリエールが植民地の自治要求に対する本国の譲歩を発表したからでもある。一八九八年八月二十五日、アルジェリアは財政上の自治だけでなく、事実上の植民地議会、つまり「財務運営委員会」を即時設立する約束をもとりつけた。さらに「アルジェリア最高顧問会議」――ナポレオン三世時代に総督を補佐する機関として設立――は、メンバーの過半数を植民地選出議会の議員が占めるように再編され、その行政機能が強化された。

一九〇〇年十二月二十九日の法によって、アルジェリアは法的人格と特別予算を認められた。こうして、自治の要求は満たされた[1]。「新アルジェリア人たち」の本国に対する敵対と自治要求運動は鎮静化した。反ユダヤ運動だけは続いたが、これも言葉だけの騒ぎ、興奮した徒党のデモあるいは「反ユダヤ民族主義青年」の乱行――アルジェでは、「人民の家（メゾン・デュ・プープル）」[2]占拠と小さいバリケード「ボナクイユ（歓迎）」の構築――という程度の運動に終息していった。突如、小さな事件がアルジェリアを静寂に陥らせた。一九〇一年四月二十六日、植民地村マルグリット（ミリヤーナの東、現在のアイン・トゥルキー）が一〇〇人ほどの原住民の叛徒に襲撃された。「原住民の危険」という言葉が、すべての人びとにアラブ・ベルベル民族の存在を思いださせた。

（1）しかしブドウ栽培による経済だけでは、コロンが正面きって本国との関税同盟の廃止を要求するのは無理であった。

（2）公建造物ではなく、政治集会などが行なわれていた場所。ここを「反ユダヤ主義青年たち」が占拠しようとした。「人民の家」というのは当時、ここに集まっていた労働者、左翼政治家、作家たちが用いていた呼称〔訳註〕。

（1）イタリア系フランス人で、反ユダヤ主義者。後にアルジェ市長に就任した〔訳註〕。

第二章　ムスリム社会の発展と「原住民政策」（一八七〇〜一九三〇年）

I　ムスリム社会の発展

ムスリム社会は、植民地化の進展を阻止できなかった。伝統的な枠組みが壊され、アルジェリアの社会は文字どおり崩壊した。第二帝政下ではじまった豪族の衰退は、一八七〇年以後、急速に進行した。以来、植民地政府から疑惑の目でみられ、支配権を奪われた彼らは、細々と暮らしながら、落ちぶれていった。伝統的名家は、執拗に打ちのめされて、再起不能な状態になり、一九〇〇年ごろには、完全に消滅したようである。新しい「有力指導者」が出現することもなく、生き残ったのはいくつかのマラブー（聖者）の一族と南部の家父長制的集団だけであった。

学者、カーディー（裁判官）、商人などの少数の都市ブルジョワ階層もまた、植民地化の衝撃を受けて消滅した。それが、新たな形態をとって、きわめてゆっくりと再編成されるのは、一九〇〇年代になってからである。原住民の専門職人集団は四散してしまい、伝統が維持された都市（トレムセン、コンスタンティーヌなど）に存続するだけであった。他の諸都市では家内工業しか残っていなかった。

アラブ農民は、繰り返し実施された土地没収の犠牲者——没落農民による土地売却がその犠牲者を増大させた——であり、彼らもまた深刻な打撃を受けた(1)。ところが、同時代人にとっては明白であったアラブ農民の窮乏化は、これまで否定されてきた。しかし最近の研究で、農民たちの窮乏化が想像以上に広がっていたことが実証された。当時、アラブ農民の窮乏化は「浮浪者化」の名で議論され、告発されたが、この現象は少なくとも一八七〇年には始まっていたのである。大抵の農民が体験した社会変容――とくに遊牧民と半遊牧民の定住化――は進歩的政策の結果であるとする見方が、長い間、支持されてきた。実際には、この定住化は、経済全体の発展と部族集団の規模縮小の影響を受けて、自発的に行なわれたものであった。

（1）『農業統計』によると、原住民私有地面積は、一八八三年の八一八万八四一〇ヘクタールから、一九〇三年には五七九万一二五五ヘクタール（民政地域）になった。二〇年間で、二九パーセントの減少である。しかし、一九〇〇年の調査では、私有地七二八万一八三八ヘクタール、アルシュ地（部族共有地）一九一万二九〇〇ヘクタールと報告されている。また、一九一七年の調査では、私有地（サハラ砂漠より北のアルジェリアにおける統計）六四六万三四ヘクタールとアルシュ地二七六万六九三四ヘクタールをムスリムの所有としている。

アラブ農民たちは、二年ごとの休作という生産性の低い粗放農業を営んでいた。したがって、封じ込め政策によって受けた影響は大きかった。植民者の耕作地の拡張だけでなく、森林牧草地の閉鎖や自由通過権料の値上がりにもより、家畜総数は減少し、遊牧そのものが後退した。「羊の国」アルジェリアには、一八六五年には八〇〇万頭の羊がいたが、一八八五年に七七〇万頭、一九〇〇年には六三〇万頭に減少した。さらに人口増加を考慮すると、アラブ人一人当たりの羊の所有数は、一八八七年の三頭が、一九〇〇年には一・五頭に減少した計算になる。原住民が所有する牛は、一八六七年一〇〇万頭、一八八七年一〇七万一〇〇〇頭、一九〇〇年八四万六〇〇〇頭である。言い換えると、一八六七年にはアラブ人五人に二頭であったのが、一九〇〇年には五人で一頭になってしまったことになる。これを、とても進歩とはいえないであろう。

ムスリムの穀物生産もまた、とにかく不順な気候のために収穫量がきわめて不安定であり、発展しなかった。在アルジェリアのヨーロッパ系農民の生産と比較しても、ムスリムのそれは減少の一途をたどった。一八六〇年、ムスリム農民の小麦収穫量は、全アルジェリア生産高の八〇パーセントを占めていたが、一九〇〇年に七二パーセント、一九三八年には四四パーセントになった。穀物作付面積（中心は硬質小麦と大麦で、一部に軟質小麦）は、一八七三年から一九〇三年にかけては横ばいか、わずかな減少にとどまっていたが、一九〇六年から一九二一年には急激に低下、一九二一年を境として、ふたたび上昇しはじめた。アラブ犂（すき）の増加（一八六五年には八五ヘクタールにつき一挺、一九〇〇年になると二三ヘクタールに一挺）、およびフランス製の犂の採用にもかかわらず、収量は減り続けた——硬質小麦は、一ヘクタール当たり平均四・一キンタルから三・七キンタルになった（一キンタル＝一〇〇キログラム）。その後、あまり肥沃でない土地を穀物栽培に当てる方針がとられたため、テル地方の穀物畑は減少し、ステップ地帯の畑が増加した。

アラブ農民たちは、煩雑なアラブ税（一九一九年廃止）のきびしい取り立てを受け、また、農業貸付を断ち切られたうえに、ヨーロッパの経済不振の試練にもさらされた。一八七三年〜一八九六年の長期不況はアラブ農民たちに大きな打撃を与えた。二十世紀初頭には、多少とも再起の可能性があったが、それは現実のものとはならなかった。というのも、穀物と家畜——収穫時に低価格で売却して、次の収穫の前に買い戻す——の昔ながらの商品化は、経済危機に左右されやすく、伝統的な高利の慣行が危機の度合いを高めたからである。このような特徴は、一見するとアンシャン・レジームの農業経済によく似ているが、アラブ農民の場合は、植民地支配という別の負担をも考慮しなければならない。

しかしながら、二十世紀までは、経済市場のメカニズムよりも、むしろ気候の変化に影響される方が多かった。その上、アルジェリアは一連の地域的飢饉を経験し（一八九三年、一八九七年、一九二〇年）、それに続くコレラやチフスが多数の人命をうばった。飢餓に遭遇するたびに、安全が脅かされたが、行政はこのごく当たり前の相関関係をすぐには認めなかった。

ムスリム農民がヨーロッパ人所有地で働くようになるのは、かなり後になってからである。彼らは、早くからハンマース（五分の一小作農）としてフランス人に雇われてはいたが、コロンの下で農業労働者として働くまでには、時間がかかった。コロンたちは、どちらかといえば外国人の雇用を望んだからである。原住民がはじめて賃金労働者になったのは第二帝政時代で、最初は刈り取り人——半月鎌を使用——として、後には季節労働者、あるいは出来高払いの労働者として働くようになった。一九〇三年にようやく、原住民の農業労働者数が外国人のそれよりも多くなり、また彼らは常勤労働者として働くようになった。しかし、賃金は——ブドウ栽培地でさえも——土着農民が猫の額ほどの所有地を耕して得られる収益よりも、あるいは小作人として受け取る収穫よりも、低く押さえられていた。このことは、賃労働制度の遅れもさることながら、全体からみて、農業賃金労働者はそれほど重視されていなかったといえよう。

二十世紀初め、土地所有者および独立の牧畜民は、土着農牧民の約半数（五二パーセント）を占め、ハンマースが三〇パーセント、農業労働者一二パーセント、小作人五パーセントであった。これらの比率はゆっくりと変化しながら、一九三〇年に至った。同年、土地所有者と牧畜民は五二パーセントで変わりないが、可耕地所有者は二四パーセントでしかなかった。農業労働者が全体の一八パーセントに上昇し、一方、ハンマース（一八パーセント）と小作人（二パーセント）の割合が減少した。しかし、このような一般的統計では、農民のプロレタリア化の程度を正確に把握することはできないし、また以下に示すように、土地所有に関する統計数字も、彼らのプロレタリア化状況を分析するには、あまりに不充分である。

一九〇〇年ごろの原住民の土地所有状況は、小土地所有が圧倒的多数を占めていたようである。コンスタンティーヌ州では、アラブ人土地所有者の五五パーセントは一〇ヘクタール以下、二〇パーセントが一一～二〇ヘクタール、一二・四パーセントが二一～三〇ヘクタールであった。原住民の大規模所有地は、小土地所有に細分化されたこともあって、統計上では皆無に等しかった――一〇〇ヘクタール以上の所有者は、〇・八パーセント――が、彼らの社会的役割は重要であった。コンスタンティーヌ州では、土地所有ブルジョワ階級は、ほとんど知られていなかった。アルジェ州ミリヤーナの西方シェリフ高原では、大土地所有制が伝統的貴族層の手から離れ、新興富裕者たちによって復活し、他方、中流農民階級（農民の一〇パーセント程度）が、両大戦間期に形成されたようである。一九三〇年当時、アルジェリア原住民の土地所有状況は以下のとおりである。一・一三パーセントの人びとが平均一九八ヘクタール所有し、彼らだけで、原住民私有地面積の二一パーセントを占めた。六パーセントの者が平均四三・一ヘクタールを所有、これは原住民所有地全体の二一パーセントに相当する。二三パーセントの人びとが平均一八・八ヘクタールを所有し、原住民所有地の三五パーセントを占めていた。原住民土地所有者の七〇パーセント[1]（四三万四五三七人）は、平均四ヘクタールを所有、原住民所有地全体に占める面積は二三パーセントであった。これ以前の統計がなくて比較できないが、この数字は、大土地所有者の側に小ブルジョワ階級が存在していること（おそらく新しい現象）と、小土地所有者群の窮乏化現象――人口増加だけにその原因が求められがちであるが――を物語っていると思われる。

（1）農民土地所有者の割合を合計すると、一〇〇・一三パーセントになる。おそらくいずれかの数字の間違いであろう〔訳註〕。

人口増の圧力は、初期にはたいしたことがなく、その後、次第に増したが、一九三〇年までは許容範囲内にとどまっていた。しかし、人口増は、生活手段に顕著な進歩がみられなかった農村大衆の貧困化に一役買った。ムスリム人口は、一八六一年に二七三万三〇〇〇人、一八九一年に三五七万七〇〇〇人、そして一九二一年には四九二万三〇〇〇人に達した。一九三〇年ごろには、人口は過去七〇年で倍増したと推算されている。この人口増は一直線で進んだのではなく、経済危機（一八八六～一八九六年）や戦時（一九一一～一九二一年）には増加曲線がゆるやかになった。

都市化の進行もまた、一九三〇年以前は急激ではなく、しかも部分的であった。ムスリムの都市居住者は、一八八六年は六・九パーセント、一九〇六年は七・六パーセント、一九三一年でも一〇・八パーセントにすぎなかった。第一次大戦後、農村の相対的人口過剰により出現した都市化は、小さな植民都市——労働者を雇用する場——にも、また大都市にも、同時に波及していった。これを契機に、ヨーロッパ人とアルジェリア人は初めて大規模な共同生活をはじめるようになったが、それは両共同体間の関係を緊張させることにもなった。しかしまた、ムスリムにとって、都市化は急激な近代化への出発点であった。一九一〇年代から、フランスへの出稼ぎは、貧困から逃れ生活水準を向上させる有力な手段と見なされ、出稼ぎ者が急増したが、一九一四～一九一八年の戦争、さらに一九一九年の旅行許可証の廃止も、その流れを助長した（一九二三年に九万二〇〇〇人）。これは、近代化の流れを著しく速めることにもなった。というのも、アルジェリアの農民たちは、出稼ぎ先でフランスを発見し、ヨーロッパを発見したからである。アルジェリア社会にとって、まさしく決定的な転換期であった。

II　原住民政策

同化政策は、一八七〇年から一八九八年にかけてあらゆる領域に及んだが、ムスリムをフランス人と見なすことが重要な目的ではなかった。真の意図は、彼らを服従させることであった。原住民身分とよばれる特別規定が徐々に整備され、強化された。『原住民身分法』Code de l'indigénat（一八八一年）は、一般法の限界を超えた一連の刑罰規定を定めていた――一八八一年規定では、「原住民に対する特別罰則」が四一も定められていたが、一八九〇年規定では二一に減らされた。その目的は、将官が行使していた特別処罰権を文官に付与し、まだ服従していない部族を取り締まることにあった。しかし、裁判なしに、実際には無制限に処罰することを認めるこの法は、一八八一年に「七年間の」時限立法として、制定されたが、一九二七年まで継続施行された。この法による「懲罰権限」は混合町村の行政官だけでなく、完全自治町村の治安判事にも与えられた。治安判事の法執行に対しては控訴が認められず、またその規定は一九一四年まで適用された。原住民には、この他に、行政命令による強制収容、監視統制、連帯責任としての集団罰金、個人または集団の財産差し押さえなどの罰が課せられた。カリブ海アンティル諸島の黒人奴隷に課した先例に従い、原住民は自分の村から出る際には、国内通行許可証を要求された。

同化政策は、法身分では原住民として差別しておきながら、原住民社会の特性は消し去る方向で進められた。イスラームの諸制度は、一八七〇年までは約束に従い、部分的にせよ遵守されていたが、とくに一八七〇年から一八九〇年にかけて、直接間接に消されていった。原住民の有力指導者たちが段階的に権威を喪失していった後、フランスが狙いをつけたのは裁判権であった。「イスラーム裁判官は、フランス人裁判官の前から消えるべきだ。われわれは征服者である。われわれの好きなようにやろう」と音頭をとったのは、総督ゲイドン元帥である。カビール地方では、広範囲な権限を有する治安判事が、イスラーム裁判官にとって代わった（一八七四年）。一八七五年、イスラーム法高等評議会と諮問評議会が廃止された。イスラーム法廷の数は、一八四から六一（一八九〇年）に減少した。植民地政府は、イスラーム裁判官の権威を失墜させるために、一八八六年九月十日、政令を発布し、アルジェリア全土におけるすべての不動産問題に関する裁判権を剥奪した。以後、フランス人治安判事は、フランス法とシャリーア（イスラーム法）の両方を解釈・執行する権限を有した。ついには、刑事事件でも、ムスリムはフランス人のみで構成された陪審員によって裁きを受けることになった。

強引なフランス化政策により、市町村の改名が行なわれた。また、一八八二年に設けられた戸籍は、ムスリムにとっては意図的な暴力に思えた。事実、戸籍制定により、アルジェリア人に苗字をつけるよう――ムスリムは伝統的に苗字をもたない――指導が繰り返され、ついには強制された。このフランス化政策では、キリスト教の布教伝道がとくに奨励されたわけではなかった。したがって、ラヴィジュリ大司教が創設したアフリカ宣教師会（白衣宣教師会）[1]による数々の活動も、プロテスタントの布教活動も、行政に阻止された。植民地史には、キリスト教徒としての良心に従った多くの抗議がみられるが、アルジェリアでは、不思議なことに司祭も宣教師も植民地体制と妥協した。

（1）ラヴィジュリは、一八六七年にアルジェ司教に、ついでアルジェ大司教になった。一八六八年、ムスリムの衣装に似た服をまとった白衣の宣教師会「ペール・ブラン」を創設、アフリカ布教につとめた。ドミニコ会に属する「ペール・ブラン」は現在も活動。アルジェリアでは、一九九六年、オラン司教と七人の修道士がイスラミストに惨殺されたのは記憶にあたらしい〔訳註〕。

イスラームに対して、第三共和制の宗教政策は不信感の漂う寛容さと多くの禁止事項から成り立っていた。信教の自由が宣言されたとはいえ、宗教教育はほとんど許されなかった。同化政策の名の下に、次には政教分離の名の下に、コーラン学校はきびしい制限をうけ、またザーウィヤ（スーフィー教団や聖者の修道所）の学校は監視され、閉鎖され、あるいは何かと文句をつけられた。このため、ウラマー（イスラーム学者たち）の養成は停滞し、ザッラール（コーラン学校の教師）やムダッリス（イスラーム高等教育機関の教授）の数は減少した。この時から、正則アラビア語はほとんど教育されず、アルジェリア人ムスリムは方言しか話せなくなった――この結果は初めから意図されていたわけではなかったが。宗教的活動もきびしい規制を受けた。祭礼や国内の聖者廟巡礼は許可を必要としたものの、かなり自由に認められたが、メッカ巡礼――イスラームにおける五つの義務行為（アルカーン）の一つ――はそうはいかなかった。植民地政府は、さまざまな口実を設け、毎年行なわれるメッカ巡礼を数年に一回許可するというやり方で、事実上禁止にもち込んだ。一九一三年、フランス議会はこの妨害を中止させるため、介入をやむなくされた。

イスラームは聖職者の存在を認めない宗教であるにもかかわらず、フランスは、有給のイスラーム聖職者たちを公務員として任命し、彼らにモスクでの宗教的職務を担当させた。このことは、フランスで一九〇五年に制定された政教分離法がアルジェリアでは名ばかりであったことを示している。これらの聖職者たち——彼らはフランスが創設した三校のイスラーム高等学院で養成された——は、スーフィー教団の神秘的行為を異端として排撃するために闘わねばならなかった。しかし、この「フランスに忠誠を誓った聖職者」が、ムスリムに影響力を行使できないことはすぐに明らかになった。そこで政府は、ムスリム大衆に影響力を保持している教団の長や各地のマラブー(聖者)を頼みとした。こうして、教団の長やマラブーは政府と妥協するようになり、そのためにみずからの威厳と権力を次第に失っていった。

同化政策が主張されながら、またフランス行政における統一化という伝統がありながら、植民地政府は、原住民に関して、密かに「分割統治」政策を実施した。アルジェリアのベルベル人——ベルベル語を話す民族のことであるが、大小カビールの山岳民族として理解されていた——は、最も同化しやすいと考えられていた。というのも、「彼らは表面的にしかイスラーム化されていないばかりか、生来アラブ人の敵である」と言われていたからである。カビール人の自主独立主義は、論戦的な文学作品によって誇張されて、やがて『カビール神話』なるものを生みだした。カビール民族の出自をめぐっては、ガリア人説(!)、ローマ人説、ローマ時代のキリスト教ベルベル人説、さらにはヴァンダル人説などさまざまな主張がなされた。それゆえ、一部の人びとは、彼らを「キリスト教に改宗させる」という希望を失っていなかった。一八六三年から一八七〇年にかけて、ラヴィジュリ大司教が指導した改宗の試みが、まさしくそれである。しかし試みは完全に失敗した。

「アフリカのオーヴェルニュ」とよばれるカビール地方は、フランス法を受け入れながら、みずからの伝統も維持するという矛盾した立場におかれた。イスラーム裁判官は廃止されるか、公証人に格下げになり、コーラン学校は閉鎖され、フランス学校への就学が義務づけられた。一方では、奇妙なフランス化促進施策を進めながら、他方では、シャリーアではなくカビール地方の慣習法（カーヌーン）の保護や、固有の長老統治者（アミーン）と伝統的租税制度の保持にとくに力が注がれた。法律上では廃止されたが、村のジャマーア（部族会議）は黙認された。カビール住民のベルベル語使用に対しても寛容であった。一八九八年、植民地政府はカビール住民に財務運営委員会への特別代表権を認めたが、これは「アルジェリアの二つの民族が互いの接触に慣れてしまわぬようにする」ためであった。現実には、この尊大な分離政策は空回り（から）した。すなわち、情報通信の発達とともにカビール地方のアラブ化が進行し、他方、フランス化はカビール人労働者がフランスへ大挙して出稼ぎに行くまでは、ごく少数の人びとの間に限られた。この政策の失敗で、行政は「カビール民族をイスラーム化し、アラブ化した」と、植民地支配が終了するまで見当違いの非難を受けることになった。

同化政策のごまかしは他にもあり、その問題の方が土着住民にとってより深刻であった。たとえば、一九一九年まで税の平等は認められなかった。ムスリムは多種多様な付加税で膨らんだアラブ税の他、あらたに導入されたフランスの各種直接税、さまざまな関税や間接税を課せられた。この二重課税は、一九一九年のアラブ税廃止まで維持された。それ以前にも、この伝統的税制の改革要求が、ある時には高官から、またある時にはフランス人議員から何度も提出されたが、そのたびに、伝統に対する敬意がもちだされた。はたせるかな伝統への敬意は、税率をさらに引きあげるという形で示された。一八七〇年当時、ムスリムは、一四〇〇万フランのアラブ税と、その他、合計して二二〇〇万フラン納めればよかったのに、一八八五〜一八九〇年には、税額が年平均四〇八〇万フラン（うち一九〇〇万フランはアラブ税として）に達した。その後は、人口増加にもかかわらず、ムスリムの貧困化という事情もあって、彼らが納める税額は減少し、それが回復するのは一九〇七〜一九一四年（一九一二年には四五〇〇万フラン）であった。二十世紀はじめ、ヨーロッパ人の二倍の直接税を支払っていたアルジェリア人は、各種予算のために徴収される税収総額の四六パーセントを納めていたことになる。[1]ムスリム一人当たりの平均税負担（約一〇フラン）は、ヨーロッパ人のそれ（七七フラン）にくらべると、確かに低いが、やや多めに見積もられた政府統計によっても、ムスリムの所有財産はアルジェリア全体の三七パーセントにすぎず、なによりも個人の生活水準はヨーロッパ人とは比較にならぬほど低かった。具体例を検討すれば、フランス植民地政策は原住民少額納税者の搾取以外の何ものでもないと結論をくだせるであろう。

（1）一九一九年の改革の後、ムスリムの税負担は直接税総額の一六パーセント、間接税の二八パーセント、特別予算の二一パーセントに減少した。これは、各種予算（特別・県・市町村）総額の二七パーセントに相当する。

一九〇一年になると、新原住民政策、いわゆる「連帯・協力政策」が公式政策として打ち出された。それは、法的同化を否定し、「ムスリムが彼ら自身の文明内で発展すること」を奨励していた。寛容にみえたこの理論も、植民地政策の本質という点ではまったく変わらなかった。一般法の欠陥をいくつか是正したにすぎない。

ヨーロッパ人の財務運営委員会議員の要請に応えて、一九〇二年の政令でムスリムだけを対象とする「特別」裁判所、すなわち「原住民抑圧法廷（軽犯罪が対象）」と「刑事裁判所」が設置された。この「特別」裁判所では、初めは控訴権が否定されていた。後に控訴権は認められたが、控訴しても、たいていの場合、棄却された。この改革を要請したのは総督レヴォワルで、そのためコロンから絶大な人気を得たが、後日、クレマンソーから批判され、コンブ首相（在一九〇二〜五年）に免職させられた。本国世論も同様に、アルジェリアのムスリムに押しつけている体制には批判的で、実際にモンプリエ重罪裁判所で行なわれたマルグリット村蜂起者裁判(1)では、ほぼ一致してこの体制に反対の意思表示を行なった。

(1) 一九〇一年四月から五月にかけて、ミリヤーナ地方の同植民地村を一〇〇名ほどのアルジェリア人が襲撃した事件の裁判。無罪八一名、死刑なし〔訳註〕。

一九〇一年に政治改革を約束していたジョナールが、一九〇三年、ふたたびアルジェリア総督に任命され、一九一一年までその任にあった。元公共事業大臣のジョナールは、アルジェリア経済基盤の改革に専念した。その努力が功を奏した背景には、公債発行と戦前の数年間をにぎわした経済ブームがあった。アルジェリアの対外貿易は、一八九九年の六億六六〇〇万フランから、一九一三年には一一億六八〇〇万フランに倍増した。ジョナールは、ムスリム社会の発展に心を砕いたが、原住民の統治行政について意図した改革案は、まったく実現できなかった。一九〇八年の政令は、ムスリムの役人や末端行政を担う土民官(カーイド)を含む有権者五〇〇〇人に対し、県会議員六名の選出を認めただけだった。ムスリムに対する公共医療福祉は、名ばかりで実質が伴わなかった。一九一〇年で原住民用病室八〇室、救護を受けた原住民は一万二〇〇〇人である。それにもかかわらず、傲然たる総督リュトーは、この親原住民的政策は問題であるとし、議会が要求した改革に反対した。

しかし、フランスは、学校教育によるアルジェリア人の精神征服を宿願としていた。第三共和制は、原住民就学政策を引き継いだ。一八七〇年までに原住民のために開校された学校数は、アラブ＝フランス小学校三六校(ムスリム児童一三〇〇人)、アラブ＝フランス中学校二校、イスラーム高等学院(マドラサ)三校に達していた。しかし、アルジェリアの共和主義者たちは、授業がアラビア語で行なわれるアラブ小・中学校を閉鎖させ、またイスラーム高等学院もほとんど機能しない状態に追い込んだ。一八八二年には、小学校はわずか一六校しか残っていなかった。ジュール・フェリー首相は、この「馬鹿げた盲目的愛国主義政策」に憤慨し、一八八〇年になると、パリから建設費の四分の三の資金援助を受けて、本国政府（内務省）管轄下の学校を一五校設置しようとした。一八八三年、フェリーはアルジェリアに新フランス学校法を適用した。これは「囂々たる非難」を受けたとフェリーは記している。フランス人市町村は、乞食集団のために学校を建ててやろうとする計画に唖然とした。そして「これは高価で危険な実験である。教育が普及すれば、原住民は声をそろえて、〈アルジェリアはアラブ人のものだ〉と叫ぶにちがいない」と一斉に反対した。一八九〇年には、ムスリムの子女約一万人――就学年齢児童の一・九パーセント――が、公立あるいは私立のフランス学校にかよっていた。

誠実で卓越したアルジェリア学区長（アルジェリアの初等教育の責任者）であったジャンメール（在一八八四～一九〇八年）は、ムスリムに対し職業教育と農業実習教育以外を認めようとしないコロンの執拗な偏見に立ち向かい、原住民教育の発展のために闘った。ジャンメールは、財務運営委員会の要求、つまりアラブ小学校を補助学校、いわゆる「バラック学校」に格下げすることに応じなかったため、その地位を去らねばならなくなった。その当時、フランスの初等教育を受けるムスリム児童数は、三万三三九七人（全体の四・三パーセント）に増加していた。この数字は、一九三〇年までかかって、やっと二倍近くになった。すなわち、原住民指導員に委ねられた補助学校の発展があったにもかかわらず、一九一四年の就学率は五パーセント（就学年齢者八五万人中、就学児童数は四万七二六三人）、一九二九年の就学率は六パーセント（就学年齢者九〇万人中、就学児童数六万六四四人）でしかない。

フランス中等教育機関が受け入れたムスリム学生数は、一九〇〇年までは年平均八四名、その後、一九一四年までは、年平均一五〇名にすぎない。一九一四年、アルジェ大学は、ムスリムの入学者三四名を受け入れ、学士卒業者一二名を出した。

一方、ムスリムの親のほうにも子供――とくに女児――を政府の学校に行かせることに長い間ためらいがあった。何度か強制策がとられたが、アラブ名望家たちは、フランス文化の影響を受けた若者が伝統の束縛からの解放を求めるのを恐れて反対した。若者たちがフランス学校で勉強したいと希望するようになったのは、ようやく第一次大戦後のことである。また、この頃から教育はムスリム進歩派の主要な要求事項になった。

もちろん、これまでにも受験のためにフランスに行くアルジェリア人がいなかったわけではない。しかし、一九二〇年以降は、はっきりと研究を目的に渡仏する者もでてきた。とはいえ、伝統的イスラーム教育を学ぶために、フェス、チュニスあるいはカイロに留学する生徒の方が、数の上で常に上回っていた。アルジェのマドラサの学生（ターリブ）数は、カイロのアズハル大学に在籍するアルジェリア人学生の数よりも常に少なかった。

ところで、他のアラブ諸国に遅れてではあったが、イスラームを基盤とする改革運動——「イスラーム近代主義」——が、アルジェリアの、とくにコンスタンティーヌ地方からはじまろうとしていた。イスラーム改革主義者ムハンマド・アブドゥは、一九〇三年にアルジェリアを訪れた時、その保守主義と宗教的厳格主義に驚いたと述べている。しかし、一九二四年になると、宗教学者（シャイフ）イブン・バーディース（ベン・バディィス）が、清教主義的、かつ改革主義的説教を開始し、アルジェリアに最初の「イスラーム改革思想」学校を設立した。

III　ムスリム社会の政治的発展（一九〇〇～一九三〇年）

二十世紀初頭、政教分離の立場に立ち、フランスの教育を身に付けた都市ムスリムの少数エリートは、機関誌、思想団体、友好クラブなどを通じて、進歩派（エヴォリュエ）としての要求を表明した。これら少数エリートが組織した「青年アルジェリア人」Jeunes Algériens は、植民地政府に仕える一部の名望家たち（ヴュー・チュルバン）や植民地政府の攻撃を受けたので、本国の自由主義者たち（『ル・タン』誌のポール・ブールドや国会議員のアルバン・ロゼ）に支援を求め、すぐにフランスの知識人たちの耳目をあつめた。パリに派遣された代表団は、主として政治的な要求事項を訴えた。なかには理性を欠く感情的主張を説く者もいたが、将来アルジェリア在住のフランス人と平等な権利を獲得するために、ほぼ全員が同化政策を歓迎するとした。アルジェリアの植民地政府は、「現場を知らぬ観念論（サンチマンタリスム・メトロポリタン）」が広がるのを怖れ、この平等要求は「仏占領に反対する民族運動」であると説明した。ところが、これらのいわゆる「民族主義者」たちは、メシミが打ちだしたムスリムの義務兵役制計画案に賛成する運動を展開した。彼らは、その代償として税制上の不平等廃止、初等教育の普及、ムスリム議員の増員、原住民身分法の撤廃を要求した。

　この兵役計画は、ヨーロッパ人や植民地政府に仕える一部の名望家たちも反対していたものであるが、とくにネドロマやトレムセンの、信心深い都市住民を不安におとしいれた。信仰のための亡命者（ムハージルーン）の伝統に従って、およそ二〇〇人の名士たちがシリアへ亡命をはかった。「トレムセンの集団移住」（一九一一年）は、原住民義務兵役制法案の票決にさほど影響を与えなかったが、政治的代償要求を拡大させることになった。本国政府は、総督リュトーが反対していたにもかかわらず、自由主義的政策を望んでいた下院と上院に、原住民の法的、政治的地位の改善を約束せざるをえなかった。一九一四年、ムスリムに対する行政命令による強制収容が廃止され――しかし監視統制は引き続き行なわれた――、また懲戒権は緩和された。予定されていた政治・行政改革は検討されたが、第一次大戦で延期された。

　一九一四年、原住民たちのみせた忠義は、アルジェリアの責任者にとってうれしい驚きであった。唯一、オーレスの閉鎖的な地方が、一九一六年、新規徴兵に反対して暴動を起こしたが、紛争は局地的であった。原住民徴兵によって、フランスは一七万三〇〇〇人の軍人を獲得した。うち八万七五〇〇人は志願兵であった。二万五〇〇〇人のムスリム兵士（および二万二〇〇〇人のアルジェリア在住のフランス人）が戦場で斃れた。さらに、一一万九〇〇〇人のアルジェリア人労働者が本国支援に出かけた。一九一八年には、アルジェリア人男性の三分の一以上がフランスで使われていた。

クレマンソー首相は、この貢献を高く評価して、大幅な政治補償をすべきであると考えた。その意向が伝えられると、アルジェリアのフランス人たちは動揺し、総督リュトーは辞職した。クレマンソーは、元総督ジョナールをアルジェリアに派遣して、改革承認の交渉にあたらせた。ジョナールは、コロン感情を考慮して、改革案のうち最も大胆なもの、なかでも第二帝政時代の案を修正した政治改革は、ムスリム代表にも上下両院議員選挙に出馬を許すことになるため、削除した。

したがって、フランス議会は問題なく改革案を承認した。すなわち、ムスリムとヨーロッパ人の税の平等は、本国型の新税制を設けることで実現した。一九一九年二月〜三月の法と政令は、アルジェリアのすべての議員選挙に対して、これまでで最も多くのムスリムに選挙権を与えた（県議会と財務運営委員会については一〇万人、村議会については四〇万人）。ムスリム県議会議員は六名から九名（全体の四分の一）になった。ムスリム市町村議員の比率は、一八八四年以来、上限四分の一と定められていたが、三分の一に変更され、議員は市長選挙への参政権をとりもどした。

これら一連の臆病な改革に対し、アルジェリアの市町村長たちは怒りを爆発させ、大幅な政治改革という一九一四年の約束を反故にされた「青年アルジェリア人」は失望した。改革は、ムスリムがフランス議会の議員に選出される——たとえ間接的にも——あらゆる権限を否定し、ただ単に「アルジェリア人選挙人」を生み出すことによって、アルジェリア人としての市民権の門戸を開いたにすぎなかった。このことにだれも気づかなかった。

つづく数年間のうちに、「青年アルジェリア人」運動は分裂した。ある者は、ムスリム身分の放棄による帰化を礼讃した。またある者は、ムスリム身分を保持したままのフランス市民権あるいは国会代表権を要求した。前者は進歩派の平等要求を代弁し、後者はみずからの信仰と個性を保持しようとする原住民大衆の意志を敏感に反映していた。後者の指導者と目されたのは抗仏闘争の英雄アブド・アルカーディルの孫アミール＝ハーリドであった。一九〇三年発刊の新聞『イクダーム（勇猛果敢）』に掲載されたハーリドの綱領――各県の本国への直属、混合町村および特別法の廃止、その代わりに下院議員六名と上院議員三名を要求――は、明らかに同化主義であったが、アルジェリア植民地政府は、彼を「原住民民族主義者」と呼んで攻撃した。その結果、ハーリドは失脚し追放された。一九二四年、パリに戻ったハーリドは、急進社会党と社会党の左翼連合に拒絶されたため、北アフリカ共産主義者たちと接触した。しかし後に、フランス領事裁判所で五か月の禁固刑に処せられ（一九二五年八月）、ダマスカスに強制移住となり、同地で一九三六年に亡くなった。

ハーリドがパリを去った後、一九二四年九月、パリで在仏ムスリムたちの集会が開かれた。これが発展し、一九二六年、メサーリー・ハーッジュの指導下に「北アフリカの星」Etoile nord-africaine として組織される。アルジェリアでは、「青年アルジェリア人」運動は、もはや二、三の週刊誌（『アル・タカッドゥム（進歩）』、『ラ・トリビューン（論壇）』、『ル・トレ・デュニオン（絆）』）を発行する程度でしかなかったが、ファラハート・アッバースとベン・ジャッルールがその運動を新しい組織として発展継承させていった。彼らはみな、アルジェリアを「植民地から州に」変えることを望んでいた。

在アルジェリアのヨーロッパ人たちは、アルジェリアの外で、権限のない議会が採択した一九一九年の「ムスリム＝ジョナール」の法[1]を承諾せず、アルジェリア議会、つまり「自分たちの要望に応える規則を、現地の投票で決定する機関」によって、アルジェリアをみずから統治する権利を求めつづけた。

フランス政府もまた、彼らの願望を満たすために、原住民身分法を復活させ（一九二〇年と一九二二年）、さらに大型プロジェクト財源として、一六億フランの公共投資を承認した。計画では、植民農地の灌漑と鉄道の近代化が最優先された。さらにコロンたちは、人手不足による賃金引きあげをおそれて、アルジェリア人労働者が本国に出稼ぎに行くことに反対した。[2] この要求も認められ、一九二四年八月八日、法相ショータンの決定により、労働契約書のないムスリム労働者の上陸が禁止された。

（1）コロンたちにとって、上述の改革があまりにもムスリム寄りに思えたので、彼らは改革交渉にあたったジョナールを皮肉ってこのように呼んだ〔訳註〕。

（2）在仏のマグリブ出身労働者数は、着実に増加していた（一九二一年五万二〇〇〇人、一九二二年七万人、一九二三年九万二〇〇〇人）。コロンの代表者たちは、原住民が「フランスで略奪した金」でコロンの土地を買い戻していると主張した。

フランスは、アルジェリアのヨーロッパ人たちの排他的意見を取り入れることによって、一定の期間、コロンの非難を緩和することに成功したが、ムスリムはフランスの政策に耳を貸さなくなった。すでに一九二三年、リヨーテ[1]は、「これはまさに犯罪政治だ」と批判していた。ジャコバン主義者[2]のヴィオレットも、一九二五年五月、総督に就任するとすぐに同様の確信を抱いた。ヴィオレットは、「青年アルジェリア人」に多少なりとも希望を与えはしたものの、ヨーロッパ人たちを深い不安におとしいれた。ヴィオレット総督は、フランス軍の駐留に対し、アルジェリア政府の分担金を計上した予算を提出したが、財務運営委員会で拒否された。さらに、彼が原住民エリートにフランス人と対等の投票権を認めると発言したとき、トムソンとモリノー両議員は、首相ポワンカレから、「アラブ人ヴィオレット」の即刻召還の約束をとりつけた（一九二七年十一月九日）。

（1）一八五四〜一九三四年。北アフリカの植民地統治で活躍したフランスの軍人。一九〇三〜一九〇六年、アルジェリアで勤務〔訳註〕。

（2）「所有権を制限し、小ブルジョワ中心の平等社会を理想とする」革命的共和派の人びとをさす〔訳註〕。

ヴィオレットは、フランス世論に訴え、アルジェリア統治百周年記念の機会に、エリートに市民権を与える法案を提起した。この提案は、その後、アルジェリアを七年間わき立たせた。ヴィオレットは、一九三一年出版の予言的著書『アルジェリアは生き残れるのか』のなかで、もしアルジェリアがこのままコロン独占領地であり続けるならば、二〇年後には、フランスはアルジェリアを失うであろうと断言した。[1] さらに、「青年アルジェリア人」の要求――フランス人と同等の政治的地位と権利――に言及しつつ、「フランスがそうした要求に理解を示さないという許しがたい過ちをおかせば、インドシナと同じように、猛り狂った民族主義のなかに引きずり込まれることになろう」と説いた。ヴィオレットの考えの正しさは、そう遠くない将来に証明されることになる。

（1）「一五年ないし二〇年後には、アルジェリアは一〇〇〇万以上の原住民を抱えているであろう。そのうち一〇〇万近くはフランス文化を身につけているだろう。われわれは、彼らを暴徒にしようとするのか、それともフランス人にしようとするのか。一部の人びとは、自分の物質的利害のために、わがアフリカ帝国とその国の運命を犠牲にしようとしているが、私たちはそのような目先の利益に惑わされていないだろうか。（……）もしそうなら、また本国が、コロンに対し、より公正でより人間的な考えを理解させるための介入を怠るなら、アルジェリアは死の宣告を受けるであろう」。

第三部　『アルジェリアは生き残れるのか』（一九三〇〜一九五四年）

第一章　一九三〇〜一九五四年の経済的、社会的発展

この時代の大きな特色は次の四点である。①ムスリム人口の大幅な増加とヨーロッパ系人口のわずかな伸び。②植民地化の後退と農村および内陸部小都市におけるアラブ化の進行。③ムスリム住民の都市化と「進歩派」の急増。④アルジェリア経済における部門間格差の拡大、つまり、ほぼ完全にヨーロッパ人の支配下にある近代的部門とムスリムが関わる伝統的部門との格差拡大。この二元経済により、アルジェリアはしだいに引き裂かれていった。その反面、二つの社会は、生活様式はともかく、少なくとも物質的豊かさの渇望という点ではわずかながら接近するようになった。

I　ヨーロッパ系住民の経済的、社会的発展

フランス人の新規移民はほとんどいなかったが、ヨーロッパ系住民は、増加し続けた。一九二六年の八三万三〇〇〇人（フランス人およびフランスに帰化した者六五万七〇〇〇人、その他のヨーロッパ人一七万六〇〇〇人）から、一九三一年には八八万一六〇〇人、一九五四年には九八万四〇〇〇人（増加率一パーセント）になった。この時代になると、ヨーロッパ系住民の七九パーセントがアルジェリア生まれで、彼らは、出身がどこであろうと、まず自分を「アルジェリア人」だと思っていた。一方で、外国人の同化は

急速に進み、最も若い者は自分をフランス人以外の何者でもないと公言して憚らなかった。しかし、彼らにとって「フランス本国のフランス人」は、異なる同国人であった。一九五四年当時、約一四万人いたユダヤ人――ただし、驚くほどフランスに同化していた――については、アルジェリアのヨーロッパ人は彼らに疑心を抱いており、この状態が少なくともイスラエル国家の誕生まで続いた。アラブ世界のユダヤ人に対する敵意の陰にかくれて、ヨーロッパ人の反ユダヤ主義もユダヤ人の不満も表面化しなかった。アルジェリアのフランス社会は統一をとげていた。

経済活動をみると、ヨーロッパ人の労働力人口の内訳は、第一次産業（農業）一四・四パーセント、第二次産業（工業）二八・六パーセント、第三次産業（サービス・商業）五七パーセントである。

ヨーロッパ人の農業従事者は、二十世紀に入って減少し続け、一九四八年は一二万五三〇〇人、一九五四年には九万三〇〇〇人になった。これは、一九三〇年以後、土地集中が急速に進んだからである。一九三〇年における開拓農地二万六一五三か所のうち、五四一一か所が一〇〇ヘクタール以上で、一九四〇年における開拓農地二万五三三七か所のうち、六三四五か所が一〇〇ヘクタール以上であった。一九五四年当時、植民者が所有する農地は合計二七二万六〇〇〇ヘクタールで、それが二万二〇三七か所の農地に分割されていた。そのうち七四三二か所の農地は面積一〇ヘクタール以下であったが、一方、わずか六三八五人の開拓民が二三八万一九〇〇ヘクタールを所有、これは植民者所有全農地面積の八七パーセントに相当し、収益も全体の七〇パーセントをあげていた。一九三〇年以降、機械化された大所有地は、件数で一八パーセント、面積で三八パーセントに増加、その反面、ヨーロッパ人中小地主が犠牲を強いられた。こうして、土地所有者は一九三〇年の三万四八二一人から一九五四年には一万七一二九人に減少し、自作農民と小作請負農民の割合も一六パーセントから一〇パーセントに低下した。他方、ヨーロッパ人農村において、農業従事者に占める賃金労働者（管理者と労働者）の比率も、一九三〇年の四三パーセントから、一九五四年には二五パーセントに低下した。しかし、原住民社会と比較すれば、ヨーロッパ人による土地所有状況——全アルジェリア農業人口のわずか二パーセントの人びとが、二五パーセントの耕地を所有——がいかに深刻な問題であるかは明らかである。歴史上、大土地所有制を有するどの国においても、農地改革の必要性が訴えられるのが常であった。

生産計画の面では、ヨーロッパ人農業は金融政策と広域灌漑計画に支えられて、一九三〇年から一九五四年の間に、めざましい近代化をとげた。

灌漑可能地九万五五〇〇ヘクタールのうち、灌漑が実施されたのは四万二〇〇〇ヘクタールであったが、穀物、ブドウ、果樹（西洋スモモ）の栽培技術は、著しく進歩した。機械化が進み、一九四八年以降になると、それは望ましい範囲を超えるまでになった（刈取脱穀機一台で、約一〇〇人の農業労働者が削減された）。ブドウの木の栽培面積は飛躍的に拡大して、一九二九～一九三五年に二二万六〇〇〇ヘクタールから四〇万ヘクタールになり、それに伴い、平均生産量は約二倍になった（一九二〇～一九二九年は年平均九二六万五〇〇〇ヘクトリットル、一九三〇～一九三八年には年平均一七一〇万ヘクトリットル）。この時期を一つの頂点として、一九四一～一九四七年にかけては一時的に減少、その後、生産は回復し、以前の平均を上回るようになった（一九五三年は一八三〇万ヘクトリットル、一九五四年には一九三〇万ヘクトリットル）。

一九二〇年代後半以降、フランス本土ではブドウ酒は過剰気味になり、植民地産ブドウ酒の輸入を制限する動きがみえはじめた。それにもかかわらず、ブドウ酒醸造会社は投資を続け、収穫高をのばし、生産増をはかった。大規模ブドウ栽培地は四四二五か所（全体の一五パーセント）存在し、面積では二六万六五〇〇ヘクタール（全体の七二パーセント）、アルジェリア全体のブドウ収穫量の四分の三以上を占めた。ブドウは常にアルジェリア農業収入の第一位に位置し、一九五三年には五五〇億フランの収益をもたらした。

ヨーロッパ人の穀物栽培はアルジェリア全体の穀物耕地面積の二八パーセントを占め、生産量は平均して総量の四四パーセントに達していた。耕地は痩せ地にも拡大し、一九五〇〜一九五四年における生産量は、これまでの頂点であった一九〇九〜一九一三年のそれに匹敵する程であった。さらにめざましい発展をみせたのは、促成栽培野菜と柑橘類である。こうした野菜と柑橘類の生産量は、第二次大戦前の一〇万トンから一九五四年には三四万トン（価格にして六〇億フラン）に上昇した。

結局のところ、人口比一〇パーセントに満たないヨーロッパ人農業が、アルジェリア総生産額（野菜・果樹、畜産）の五五パーセント、野菜・果樹だけに限定すると六六パーセントを占めた。一九五四年ごろ、植民者の農業は、資本金六〇〇〇億フラン、年間純益九三〇億フランに上った。地主にとっても、農業関係企業の株主にとっても、まさに黄金時代であった。しかしながら、少数の地主に土地が集中した結果、農村のヨーロッパ系住民は都市に、それも大都市に移動せざるをえなくなった。四六都市のヨーロッパ系住民の人口についてみると、一九三一年に六七万三〇〇〇人、一九五四年に七九万二〇〇〇人であった。一九五四年の場合、ヨーロッパ人の八〇パーセントが都市——その半数はアルジェとオラン——に居住していたことになる。

農業以外の経済部門の発展も著しく、アルジェリアの国民総生産の三分の二を占めていた。その四分の三は一万五〇〇〇のヨーロッパ系企業によって、残りは一五万の零細企業——五万社の非ムスリム企業をふくむ——が分けあっていた。

これら会社企業の集中と発展は、数字から容易に確認できる。一九三七年には、六六七企業が全体で五万一六五二人を雇用していた。一九五八年は、六六八企業（各社が五〇人以上を雇用）が、全体で九万四一〇三人を雇用していた。したがって、俸給生活をするヨーロッパ系都市住民はますます増え（一九五四年、俸給生活者の男女合計数は二五万三〇〇〇人）、しかも彼らは中級もしくは上級職に就いていた。すなわち、ヨーロッパ人で肉体労働者あるいは奉公人として働く人数は、一九五四年になっても一九一四年以前とほとんど変わらず、これに対して幹部、役人、事務所等の俸給生活者は二・六倍、自営業者は一・九倍に増えている。他方、この変化とともに、「第三次産業」の特徴を示す商業部門の肥大化（商人一六パーセント、手工業者六パーセント）も起きていた。

このように、ヨーロッパ系住民は、アルジェリアにおける管理職（上級管理職の九二・八パーセント、技術者および職工長の八二・四パーセント）と公職（八六パーセント）の主要な部分を占め、支配者集団を形成していた。ヨーロッパ人社会においても、上下の階層差は歴然としていたが、全体としては高い生活水準を享受していた。一九五一年の統計によると、五六万人が「ブルジョワ階級」である。アルジェリア国外へのヴァカンスだけで、一八万七〇〇〇人の避暑客が支出した額は、約二〇〇億旧フランに上った。

Ⅱ　ムスリム住民の経済的、社会的発展

死亡率の低下によるムスリム人口の増加は、一九三〇〜一九五四年の時期を特徴づける現象の一つとみてよいであろう。というのも、この急激な人口増にみあった経済や政治が要求されたからである。だが逆に、人口革命は不均衡を拡大した。一九二六年に五一五万人、一九三一年に五五八万八〇〇〇人であったムスリム人口は、一九五四年には八四五万人に達した。出稼ぎで国外に住む人数を加えると、およそ八七〇万という数字になる。自然増加率は、一九一四年以前の一・四パーセントから、一九五四年には二・八五パーセントに上昇した（エジプト一・八四パーセント）。その結果、アルジェリア国民は世界

で最も若い国民の仲間入りをした。つまり、二十歳以下が五二・六パーセントを占め、十四歳以下の子供一〇〇人に対し「大人」は九四人になった。

人口の三分の二は、なお前資本主義経済のなかで生活していた。ところが、この巨大に膨れあがった伝統的農民層は、もはや作物も家畜も必要充分な量を維持できなかった。年平均穀物生産量は、一九〇一〜一九一〇年には一九六〇万キンタル（一キンタル＝一〇〇キロ）であったのが、一九二一〜一九三〇年に一六〇〇万キンタル、一九四一〜一九四八年に一四〇〇万キンタルと落ちこみ、一九四八年から一九五四年にかけてようやく一九七〇万キンタルに回復した。牧羊は、一九一〇年以前の年平均八九〇万頭から、一九二一〜一九三〇年には五三〇万頭、一九四一〜一九四八年には四八〇万頭に減少、そして一九四八年から一九五四年は少し増えて五〇〇万頭になった。オリーブ油の年平均生産量は、一九一〇〜一九二〇年の三五万ヘクトリットル（一ヘクトリットル＝一〇〇リットル）から、一九三〇〜一九四〇年には一六万五〇〇〇ヘクトリットルに落ち込んだ。一九五一〜一九五二年に持ち直したとはいえ、年平均二一万二〇〇〇ヘクトリットルにすぎない。

このような全面的後退の背景には、種々の経済的原因が存在した。すなわち、ムスリム所有の耕作地の減少（一九三〇年当時、七五六万二九七七ヘクタール、一九五〇年には七三四万九一〇〇ヘクタール）、再三におよぶ彼らの土地の細分化、収穫量の停滞、土壌の退化などがそれである。

ムスリムの所有地では、一九三〇年以後、小地主を犠牲にした土地集中と、中地主を犠牲にした細分化が同時進行していた。一九五〇年には、四三万八四八三人が一〇ヘクタール以下の土地所有者で、その合計は一三七万八〇〇〇ヘクタールであった。一六万七一七〇人が平均一九ヘクタールを所有、その所有地面積を合計すると三一八万五〇〇〇ヘクタールになり、ムスリム土地所有者の四三パーセントがこれに該当した（一九三〇年では三五パーセント）。また、一万六五八〇人が平均六六ヘクタールを所有、その合計は一〇九万六〇〇〇ヘクタールで、これはムスリム土地所有者の一四・九パーセントに相当する（一九三〇年は二一パーセント）。八四九九人が平均二〇〇ヘクタール所有しており、その合計面積は一六八万八八〇〇ヘクタールである。これらの数字を検討するとき、忘れてならないのはムスリム農民の所有地が一か所にまとまっていることはめったになく、約五分の四は小区画の寄せ集めであったこと、放牧のため二年周期の休耕が慣行となっていたこと、開拓地の二例に一例は木製の無輪犂に頼っていたこと、小土地所有者に対する農業貸付が認められていなかったことである。このようなことから、一九〇五～一九一四年には、一ヘクタール当たり年平均六キンタルであった原住民の穀物平均収穫高が、一九四五～一九五四年は平均四・六五キンタルに減少した原因が判明する。栄養不良か否かの基準となる耕地面積は、地域によっても、また年によって異なるが、一二～二〇ヘクタールと算定されているので、経済的にみて、ファッラーフ（アルジェリア人農民）の三分の二は独立自営の農民ではなく、半プロレタリア階層に属していたと考えられる。近代的農業技術を導入していたのは二万人の開拓農民にすぎない。ムスリム農民の一人あたり平均年収は、概算で二万二〇〇〇旧フランであった。

アルジェリア農村社会構成の把握は、統計が不備であったり矛盾していたりするので、なおさら困難である。一九五〇年ごろの農村社会には、ハンマース（五分の一小作農）は九～一〇パーセント程度、牧畜民は一二パーセント程度しかいなかったようである。他方、一九五四年当時で農業賃金労働者――常勤および季節労働者――は、二二パーセント、自作農は一九・五パーセントと推定される。この数字を信用しすぎるのは危険であるが、一九三〇年および一九一〇年の統計と比較してみると、部分的とはいえ、農村社会が変化したことは間違いない。すなわち、牧畜民やハンマースが著しく減少し、ハンマース制はいまや消滅しようとしていた。予想外なのは、農業賃金労働者数がそれほど増加していない点で、これは、おそらくヨーロッパ人所有地の機械化が進んだことと関係があろう。

一つの重要な現象が、これらの数字に表われていない。それは、膨大な失業者と非就労者である。一九五四年の調査によれば、農村の非就労者数は四〇万人である（「ドラヴィニェット調査団」報告）。非就労者と不完全雇用者（家事手伝いと命名されたりする）の数は、統計資料によって幅があり、六五万から八五万人と推定された。別の統計では、一九五四年の農村失業者は一〇〇万人としているが、当時、「常勤」農村労働者（年間最低一八〇日労働）は、一一万二〇〇〇人しかいなかった。ムスリム農業労働者の賃金は、伝統的に肉体労働者のなかでも最低に抑えられていた。

このような状況を考えると、ムスリム農村住民の大量流出が起こった事情がよく理解できる。彼らのなかには、コロンの村や都市に移住する者もあり、また、フランス本国へ一時的な移住をする者もあった。ムスリム農村住民は、国内移住の流れにのって、不毛の高地や人口過剰の山岳地帯を出て、豊かな地域、すなわちコロンたちの地域へ移っていった。実際に、一九二五〜一九四八年の間に、ミティージャ高原のムスリム人口は八万から約二五万に増えた。しかしながら、一九四八年をすぎるとこのような移住は不可能になる。

ムスリム農民にとって、都市への脱出は一時しのぎでしかなく、すぐに行き詰まった。都市ムスリム人口は、一九三六年の七二万二〇〇〇人から、一九五四年には約一六〇万人に増加した。原住民総数に対する比率は、一九三六年に一一・六パーセント、一九四八年に一四・七パーセント、一九五四年に一八・九パーセントである。都市の伝統的アラブ地区や貧民窟に大量に移住者が押し寄せたので、雇用が上昇線を描いたにもかかわらず、職は足りなくなった。実際に、工場や作業所の労働者数は、一九二四年の一一万人から、一九五四年には二六万四〇〇〇人に増加した。全土におけるヨーロッパ系企業の雇用総数は、三二万人であった。

農業以外では、自営業のムスリムは約一二万人、給与生活者は四六万三一八七人であった。前者に属するのは職人と小売業で、彼ら自身も三万人弱の賃金労働者を雇用していた。[1]ムスリム給与生活者は工業、商業、公職の各分野で働いていた。彼らのうち、一三万三一一〇人が失業者、一七万二〇〇〇人が肉体労働者（うち八万四〇〇〇人は一時的失業者）、七万五〇〇〇人が単純作業労働者（OS）であった。また、専門職の労働者、下級公務員および事務職員は六万八〇〇〇人、役職者と技術者が一万二〇〇〇人である。ムスリムは、アルジェリア全体の肉体労働者の九五パーセント、OSの六八パーセントを占めていたのに対して、技術者全体に占める割合は一七・六パーセント、上級役職者全体の七・二パーセントを占めるにすぎなかった。

（1）約一〇万のムスリム企業が存在した。純益の総額は三三〇億フランであった。これに対して、ヨーロッパ企業は六万五〇〇〇、純益は三七五〇億フランであった。

アルジェリアの諸都市が飽和状態になったので、一九三一年から一九三九年までは減少していた本国への移住が、一九四八年以降、かつてないほどに急増した。農村青年の一時的な出稼ぎ（二年から四年の期間）は、一九五四年に約三〇万人に達した（成人男性七人に一人の割合）。村に残っていた多数の家族は、移住者からの送金で生計を立てていた。一九五四年の送金額は、アルジェリアで支払われた農業労働者賃金総額に匹敵する（三三〇億フラン）。

こうした状況を前にして、本国に従属するアルジェリア植民地政府は、必要な知識を欠くうえに経済の現状にもうとく、効果的救済手段を見出すことはおろか、その対策を講じることもできなかった。

中期・長期貸付は、相変わらずアルジェリア農民には縁遠い存在であった。一八九三年に創設された『原住民融資組合』（SIP）は、一九三三年には一般貸付信託を設けたが、ほとんど機能せず、大戦中に再編成が行なわれただけであった。一九四〇年に二六〇あった組合は、一九四六年に一〇七に統合された。そして一九五二年に『農業融資組合』（SAP）と名称をあらためるため、その予算は増額されたが、対象は短期小口貸付に限定されていた。一九五四年には、一〇五のＳＡＰが、五〇万人の土地所有農民に融資した。

　農村経済を発展させる取り組みは、一八七〇年以前にもアラブ局によって何度か試みられたが[1]、一九三七年、久しぶりに実施された。しかし、この「土着農民」政策はふるわず、わずかな近代化をもたらしたただけであった。とはいえ、この試みを契機として、総督イヴ・シャテニョー（在一九四四－一九四八年）は、一九四六年により大規模な計画、すなわち新制度ＳＡＲ（『農村改善局』）を発表した。ＳＡＲは、農民をいくつかの自治組織にまとめ、組織に融資をし、農業機材を与えて、伝統的経済を近代化しようというのであった。最初の計画では、ＳＡＲは一九五六年に八〇〇か所設置の予定であった。一九四八年初頭までに一〇三か所設置され、七万五〇〇〇家族が対象となったが、一九四八年以後、その飛躍的発展は止まってしまった。組織はＳＩＰに従属し、私的な大規模開拓に関わっていた。そのため、ムスリム大衆は、本来彼らのために考案されたこの組織に関心を示さなくなった。一九五四年には、一三三の農林業ＳＡＲ（穀物栽培ＳＡＲ八一、樹木栽培ＳＡＲ四六、オアシスＳＡＲ六）が存在し、総面積二五八万ヘクタール、農民二〇万一〇〇〇人をかかえていた。牧畜ＳＡＲは六七で、これに参加した牧畜民は一〇万三〇〇〇人にとどまった。

（1）アラブ局は、とりわけ一八五八年から一八七〇年にかけて、住民を土地に定着させ、開拓条件を改良するなど、原住民の生活改善をめざした〔訳註〕。

　土地問題は、解決困難と考えられていた。政府は、土地を持たぬ農民に土地を保有させる「再就職の土地」政策を何度か試みたが、失敗に終わった。灌漑地に関する一九四二年のマルタン法[1]は、一度も適用されていない。外国人の所有であろうとなかろうと、大所有地の収用は、何度も計画されながら、実現しなかった（「アルジェリア商会（コンパニー・アルジェリエンヌ）」の所有地は七万ヘクタール、「ジュネーブ商会（コンパニー・ジュヌヴワーズ）」所有地は一万五〇〇〇ヘクタール、他に二〇〇〇ヘクタール以上の所有地三三か所)。農地改革はまったく検討されなかった。

(1) 灌漑局局長マルタンが、一九四二年三月十八日、ヴィシー政府からとりつけた法令。灌漑の恩恵を受けたヨーロッパ人あるいは裕福なムスリムの耕地二万ヘクタールを収用し、フランス人小農とアラブ小農に再分配することを目的としていた〔訳註〕。

工業化政策は、一九四三年にコンスタンティーヌで発表された「ムスリム改革」(一二〇~一二二頁を参照)の枠内で、一九四六年に決定された。出足は早かったが、なかなか進まず、工業化五か年計画も実施されなかった。結局、あらたに一万五〇〇〇人の雇用を創出しただけで、一九五四年末、工業化政策は終わりを告げた。現実には、ムスリム住民たちは、何が行なわれているのかさえ知らずにいた。経済発展の基盤となる職業訓練は、一九五四年まで重要問題と見なされず、一般政策や総合計画の対象にされていない。

学校教育の整備は、このような具体的計画を立てずに、人口増に追われながら進められた。一九三〇年に初等公教育を受けていたムスリム児童は、わずか六万八〇〇〇人であったが、一九四四年に一一万人、一九五四年に三〇万二〇〇〇人になった。就学率は一九三〇年の五パーセントから一九四四年に八・八パーセント、さらに一九五四年には一四・六パーセントに上昇した。ムスリム子弟の中等教育就学者は少なく、一九四〇年に一三五八人、一九五四年に六二六〇人であった。高等教育の就学者はきわめて少数で、一九四〇年に八九人、一九五四年には五八九人であった。したがって、アルジェリアのエリートが、充分な指導を受けず(三五四名の弁護士あるいは代訴人、二八名の技師またはそれに準じる者)、一九五四年になってもごく少数だったことも(中等教育教官一八五名、医師・薬剤師・歯科医一六五名)、アルジェリア人の非識字率が高かったことも(九〇パーセント)、驚くにはあたらない。統計数字は低くても、非常に多くのムスリムの生活意識や生活様式に、重大な変化が起こっていたことを見逃してはならない。

つまり、ムスリムの急速な発展は、単にフランス学校やアラブ学校の教育だけで、測れるものではない。本国に渡航した人びとが受けた影響も考慮すべきである。一九一四年から一九五四年までの四〇年間に、二〇〇万人のアルジェリア人が、兵士として、あるいは労働者としてフランス国内に滞在した。フランスの諸都市でのアルジェリア人ムスリムとフランス人の共同生活は、単に二つの社会が併存したにすぎなかったとしても、アルジェリア人に大きな変化をもたらした。とりわけ、仕事やラジオを介してヨーロッパ人の生活様式を知り、それをねたましく思ったムスリム女性に対して特別に強い影響を与えた。

発展と豊かさへの途上にあるアルジェリアと、貧困にあえぐ未開発の伝統的アルジェリア、この二つのアルジェリアの、経済的社会的な共存状況は、最下層の人びとに深刻な影響を与えた。最低限の生活を強いられているにもかかわらず、羨望の念を抱かせるこの状況は、これまで続いてきた二つの文明の併存状態を根本的に変えた。つまり、文明の差異は不平等と不正に変質したのである。

一九五四年、アルジェリアは解決策の見つからぬ難問、すなわち、少数者による土地の独占、投資の衰退、国内市場の欠如、まったく展望のない経済政策などに悩まされていた。人びとはこれらの諸問題に直面し、危機意識をますます強め、さらにムスリム人口の急激な増加と生活水準の悪化によって、それは深刻な状況になったと感じていた。この苦境をのりこえるために、アルジェリアの一部責任者が、アルジェリアの完全統合を本国に請願したのも理解できる。しかし、確かな政治意識を自覚したアルジェリア・ムスリムたちは、打開策として提示されたこの「統合政策」を信じようとはしなかった。

第二章　一九三〇〜一九五四年の政治的発展

『アルジェリアは生き残れるのか』、ヴィオレットのこの疑問への答えは、ムスリムの立場からすれば、アルジェリア・ナショナリズムの誕生とその進展――とくに第二次大戦の影響を受けて進展した――のなかにすべて見出せる。ヨーロッパ人が統治するアルジェリア政治は、フランスのそれとほぼ同じ制度をとっていたが、そこには偏狭な地域主義（パティキュラリスム）がはっきりと認められた。アルジェリアのヨーロッパ人たちは、本国との間に問題が生じるたびに、自分たちは「アルジェリア人」であると挑戦的に宣言し、反対に、ムスリムとの間に問題が生じるとフランス人であると主張した。古参の政治家や土地再配分論者たち[1]が政治を牛耳っていたので、先見の明のない偏狭な地域主義が維持されていたのである。

（1）財務運営委員会は、コロン代表二四名（有権者一万九〇〇〇人）、コロン以外のヨーロッパ人代表二四名（有権者七万五〇〇〇人）、原住民代表二一名（有権者一一万二〇〇〇人）から構成されていた。これら六九委員のうち、五三名は大土地所有者の利益を代表していた。

I　アルジェリア・ナショナリズムの誕生

征服百年祭は、ムスリムにとっては屈辱的な祝賀であったが、他方で、アルジェリア人エリートたちの新しい運動がはじまった時としても注目される。これまで、エリートたちは、フランス人との平等の権利要求のために、フランス市民権獲得しか考えていなかったが、もう一つの道がメサーリー・ハーッジュやアルジェリア人ウラマーたち、さらに雑誌『アラブ民族（ラ・ナシオン・アラブ）』の周辺に集まったアラブ民族主義の活動家たち——その中心的人物がアミール・シャキーブ・アルスラーン(1)——によって提示された。

（1）一八六九〜一九四六年。レバノン出身のドルーズ派教徒で民族主義者。一九三〇年、ジュネーヴにおいて雑誌『アラブ民族』を発刊（〜一九三八年）、マグリブ諸国のアラブ・ナショナリズム形成に大きな影響を与えた。メサーリー・ハーッジュは、一九三五年、ジュネーヴでシャキーブ・アルスラーンと出会った〔訳註〕。

パリでは、マグリブ出身労働者の共産主義組織「北アフリカの星」——一九二六年三月にこの名で設立された——が、次第にメサーリー・ハーッジュの指導下に置かれるようになった。彼は、この組織をアルジェリアの独立と社会革命にむけて闘う民族運動に仕立てあげた。機関誌『イクダーム・ノール・アフリカン（北アフリカの勇気）』——論稿はアラビア語・フランス語の二カ国語によって記述——の発行、ついで『アル・ウンマ（民族）』の発行、ブリュッセル反植民地会議への参加（一九二七年）、さらに集会とビラ配布などによって、在仏アルジェリア人労働者（一九三一年、四万人）に運動の存在を知らせた。しかし、運動がアルジェリアに根をおろしたのは、一九三六年八月になってからである。一九三七年三月、「アルジェリア人民党」（ＰＰＡ）が設立されたが、主要な活動家たちはその直後に逮捕された（一九三八年、党員二五〇〇人）。

アルジェリアでは、民族運動は外国で学問を修めた三人のウラマーたちによってはじめられた。イブン・バーディース（コンスタンティーヌ出身）、タイイブ・ウクビー（アルジェ出身）、バシール・イブラーヒーミー（トレムセン出身）の三人である。彼らは、古典的改革方式に従ってイスラームの浄化を試みるとともに、フランス化という脅威にさらされているアルジェリアをアラブ化しようとしていた。そのため、「植民地主義の片棒をかつぐマラブーティズム（民衆的聖者崇拝）」を攻撃し、またアラブ文化の指導者を養成しようとした。一九三一年五月に、改革主義派のウラマーたちは「アルジェリア・ウラマー協会」を設立し、一三名の執行委員会メンバーを選出した。そのなかには、初めてアラビア語でアルジェリア国史を書いたムバーラク・ミーリーとシャイフ・タウフィーク・マダニーの二人が名を連ねていた。かくして、「ナショナリズムが誕生した」。シャイフ・マダニーの愛国的歴史書であり、「アルジェリア国民の費用で印刷された」『キターブ・アルジャザーイル（アルジェリアの書）』（一九三一年）の表紙には、ウラマー協会の基本方針、「イスラームはわが宗教、アルジェリアはわが祖国、アラビア語はわが国語」が記載されていた。新しい意味をもつ言葉がアルジェリアのアラビア語に加えられた。たとえば、「ワタン（祖国）」、「アル・ウンマ・アル・ジャザーイラ（アルジェリア国民）」、「シャアブ（民衆）」がそれである。しかし、このアルジェリア民族主義は、近東諸国のそれと同じく、アラブ・イスラーム運動や「アラブ復興」に直結しており、第一回エルサレム会議（一九三一年十二月）綱領に忠実であった。ウラマー協会はさまざまな雑誌を発行した。たとえば『シハーブ（流星）』（一九二四年イブン・バーディースにより創刊）、『スンナ（慣行）』、『シャリーア・ムタッハラ（清浄なるイスラーム法）』、『バサーイル（未来の展望）』などであり、掲載された論稿では聖者崇拝批判、スーフィー教団および「非難されるべきあらゆる異端的行為」の攻撃などがとくに多かった。より過激な闘争方針をとる大衆運動もいくつか誕生したが、いずれも長続きしなかった。

　ウラマー協会は、モスクや私的サークルを利用して宣教活動を行なった。しかし、一九三三年二月以降、ミシェル通達により、協会系ウラマーは公認モスクでの説教を禁止された。協会は独自の初等学校やマドラサ（イスラーム高等学院）建設にはとくに力をいれた。マドラサではアラビア語で近代的学問が講義された。協会系の私立学校は、政府により黙認されたり、一九三八年三月八日の政令で閉鎖を命じられたりしたが、その数は一九四七年に九〇校、一九五四年には一八一校（うちマドラサ五八校）、生徒数四万人に増加した。これらの学校は、何よりも愛国心を規範としており、生徒には偉大な理想「イスラームとアルジェリアのために生きる」を教える努力がなされていた。ウラマー協会は、政治に関わらないことを基本としていたが、しばしば政治的立場を表明した。とくに同化に賛成するムスリムに対しては明確な敵対姿勢をとった。有名な例は、ファラハート・アッバースが雑誌『防衛（デファンス）』で同化政策を称賛し、「フランス、其は我なり」と表明したことに対する反論である。一九三六年四月、イブン・バーディースは、これに批判的に答える形で『シハーブ』誌に「明解な声明（カリマ・サリーハ）」を発表した。すなわち、「私たちウラマー協会は、大多数の住民の名において、みずからをフランス人と名乗る人たちに忠告しよう。《あなたたちは私たちの代表ではない！……アルジェリアのムスリム民衆は、みずからの歴史、みずからの宗教的統一、みずからの言語、みずからの文化、みずからの伝統をもっている……》。『このムスリム住民はフランスの一部ではなく、フランスの一部ではありえず、フランスの一部であることを欲しない』」。一九三三年から一九三六年六月にかけて、対立の気運が濃厚になった頃、ウラマー協会がその影響力を強め、ムスリム世論の支持を獲得したことは間違いない。

　これとは対照的に、同化を支持する「青年アルジェリア人」は、一九二七年にベン・ジャッルールとファラハート・アッバースが「アルジェリア・ムスリム議員連盟」を設立したにもかかわらず、まったく成果をあげることができなかった。「議員連盟」の支持者はすでに中産階級やフランス化した知識人に限られていたが、こうした失敗の後、連盟はますます支持者を失った。連盟は、ムスリム身分の保持とフランス市民権の獲得に努力したが、アルジェリア生まれの総督J・カルドの強い反対にあい、さらにいくつもの失望に打ちのめされた。まず一九三三年には、一九三一年にヴィオレットが発表した案――アルジェリア人エリートにはムスリム身分を保持したまま、フランス市民権を与える――の支持を訴えるために代表団がパリに赴いたが、政府も議会も、面会を拒否した（この後、ムスリム議員九五〇名が辞職した）。そして、一九三五年、内務大臣レニエが将来のアルジェリア発展を検討するために同地を訪問した際にも、レニエはヴィオレット案の受け入れを拒否した。さらに、フランス市民権を得る代わりに、ムスリム身分の放棄というファラハート・アッバースの秘密案が上院の議場で暴露された。総督ル・ボーは、「原住民エリートとの関係を修復せよ」と命令を受けていたが進展せず、ヴィオレット案が議案として審議されるのは、ようやく一九三六年十一月になってからである。

総選挙（一九三六年五月）での人民戦線の勝利は、ムスリム・アルジェリア人に希望を与えた。元総督ヴィオレットの法案を検討したアルジェリア人エリートの大部分が、フランスの枠内での法的平等は政治的解放と植民地的従属を終らせると思っていた。そうした考えをもって、議員連盟、ウラマー協会および共産主義者たちは、「第一回ムスリム会議」（アルジェ、一九三六年六月七日）を招集した。会議の政治憲章は、特別法とその制度の廃止、アルジェリアのフランスへの無条件併合、ヨーロッパ人とムスリムを一緒にした単一選挙母体の承認、フランス本国の国会にムスリム議員を選出する権利を要求していた。しかし、それと同時に、フランス市民権はムスリム身分を保持したまま得られること、またイスラームの宗教活動と施設は、政府の統制を受けずに、慈善財産（ハブース、ワクフ）の利益によって運営されることが政治憲章に盛り込まれていた。

帝国の「誠実な管理人」レオン・ブルム（人民戦線内閣の首相）にとって、この憲章――独立を主張するメサーリー派は反対した――は、受け入れがたいものに思われた。しかし、ブルムは、下士官、学位取得者、役人などのアルジェリア人エリートの政治権限を拡大するというヴィオレット法案を認めた。これが国会で承認されれば、二万一〇〇〇人のムスリム・フランス人が、フランス人（有権者二〇万二七五〇人）とともに、国民議会議員選挙の選挙権を与えられる。また、アルジェリアに与えられるフランス本国国会議員定数は、有権者二万人につき一名になる。ヴィオレットの目的は、単一選挙母体にすることによって、ヨーロッパ人住民にアルジェリア人エリートとの和解の場を与えることにあった。アルジェリア人エリートは、この法案に熱狂的な賛同を示した。その勢いはアルジェリア共産党やウラマー協会を巻きこむほどであった。しかし「アルジェリア人民党」（ＰＰＡ）だけは反対し、この法案は少数の特権階級を作り出し、「ムスリム社会を解体させようとしている」と批判した。

フランス側の見方では、市民権拡大は、『ラグロジリエール議会小委員会報告』が指摘したように、ナショナリズムに対する最も効果的な抑止になるはずであった。ところが、ヴィオレット法案は、アルジェリアのヨーロッパ系住民、とくに市長や議員たちの間に憤激を招いた。「ムスリムが選挙民に参入することは、ヨーロッパ系住民個々人の地位を侵害するものである」（ジュアン元帥）というのである。

国会議員、さらにアルジェリアの市長たちは、フランス政府がヴィオレット法案を実行に移すようなら、集団辞職すると声明を出した。悪知恵の働く政治家は、入植者と原住民を分ける二重選挙母体制度、あるいは単なる諮問機関としてのムスリム上級議会をパリに設置する意向を表明した。フランスの保守派報道機関もコロンの抵抗を支持したので、首相レオン・ブルムはこの改革案を政令として実行することができなかった。一九三七年七月、第二回ムスリム会議が緊急アピールを出したにもかかわらず、国会はブルム＝ヴィオレット法案を検討しようとさえしなかった。ショータン内閣とダラディエ内閣で内務大臣をつとめたA・サローは、政令で財務運営委員会のアルジェリア人代表を二一名から二四名に増員（コロンと非コロンのヨーロッパ人代表は四八名）した。その彼も、アルジェリア選出のヨーロッパ人議員たちによる法案の議事進行妨害運動を止めさせることができなかった。サローは、「私は、彼ら紳士方は愛国心も、勇気も、理性も持ち合わせていないと認めざるをえなかった」と、その時の心情を吐露した。結局、一九三九年九月、ブルム＝ヴィオレット法案は廃案にされた。廃案は同化政策に死を宣言するに等しく、不吉な失望感が漂いはじめた。この状況から、ムスリム議員連盟のメンバーで同化主義者の医学博士ベン・ジャッルールは、本来は歴史家が過去の事実の考察によって下すべき結論を導きだした。「アルジェリアのムスリムたちは、別の選択肢を要求する権利を留保することになるだろう」。

II　第二次大戦下のアルジェリア

独仏戦争とフランスの敗北（一九四〇年）は、ムスリム住民に直接的な動揺を与えはしなかった。一九四〇年六月、フランス本国にはナチスに協力するヴィシー政府が成立し、自由・平等・友愛に代わって労働・家族・国家を標語とする、いわゆる「国民革命」をはじめた。その政策は、議会主義に対する軽蔑と強い権威主義的傾向をもっていた。アルジェリアのフランス人たちは、権威主義的で伝統主義的な「国民革命」に惹かれた。ナポレオン三世時代をよき思い出として大切にし、議会を軽蔑し、「コロン共和国」を憎悪していたムスリムも、「国民革命」には反感を抱いていなかった。ヴィシー政権の初期政策は、アルジェリアにおけるフランス人とムスリムのこの一致した思いを強化するものであった。一九四〇年十月七日、アルジェ総督府の元事務局長で現内務大臣ペイルートンは、アルジェリア・ユダヤ人の帰化を認めたクレミュー法を廃止した。十一日、土着ユダヤ人はフランスに帰化する権利を失った。ペイルートンは、すでにアルジェとチュニスにおいてムスリムの要求事項を撥ねつけたことがあったが、アルジェリアでは、こうしてフランス市民権の拡大を拒否するあらたな口実を作りあげるとともに、アルジェリアのヨーロッパ人が抱いている本能的「反ユダヤ主義」を満足させた。しかし、植民地主義的な考えのないヴィシー政府主席ペタン元帥は、自らが一九四一年一月に創設した国民会議における、アルジェリアのフランス人代表数とムスリム代表数を同数にすることに同意した。ムスリム議員は感激した。ファラハート・アッバースの、ペタン元帥宛一九四一年四月十日付書簡は、議会妨害から解放された政府に改革計画案——「六〇〇万の東洋人ムスリム」に在アルジェリアのフランス人と共存の可能性を抱かせる——を作成させようとする最後の試みであった。しかしながら四か月後、ヴィシー政府は、アッバースに対して進言は貴重なものであると答えただけだった。そして、政治的改革はまったく検討されなかった。一方、一九四二年、ヴィシー政府が発令したマルタン法では、国有ダムによる灌漑地域内の付加価値の高い土地を収用し、ヨーロッパ人およびムスリム農民への土地の分配を予定していた。[1]

（1）猛反対にあい、結局、適用されなかった〔訳註〕。

ところが、ドイツに対する敗戦は、アルジェリアにおけるフランスの威信を失墜させた。植民地政府の指導者たちはマゾヒズムに陥ることで満足し、復員者も解放された捕虜たちも「戦争の滑稽さ」を好んで語った。それとくらべて、ドイツの成功に対しては、賞讃にも近い声があがった。アルジェリアの経済状態も急速に悪化し、収穫は減少した。工業化されていないアルジェリアでは、肥料、工業製品、衣料が不足した。新たな苦しみが極貧者を押しつぶした。

フランス人コロンのなかにいた一握りのレジスタンス運動家たちの画策により、一九四二年十一月八日、アルジェおよびオランへの英米軍上陸作戦が成功した。英米軍の上陸後、アルジェリア人ムスリムは、アメリカ軍の強大な力を知るとともに、アメリカ人外交官たちから非常にムスリム寄りで反植民地主義的な発言を聞いた。ファラハート・アッバースと友人たちは、アメリカ人外交官と接触し、そこでフランス＝アルジェリア「連邦（フェデラル）」構想を説明した。アメリカ軍将官クラークと在アルジェリア・フランス海軍提督ダルランとの間で仮協定が結ばれ、在アルジェリア・フランス軍は反ヴィシー政府の姿勢をとりはじめた。海軍提督ダルラン、次いで将官ジローは、ムスリム議員にフランス軍への協力を要請した。二人の要請を受けたムスリム議員は、一九四二年十二月二十日、『当局責任者[1]へのメッセージ』（同内容の書簡が仏当局者に提出されたのは二日後であった）という書簡を発表した。このメッセージにおいて、議員たちは、戦争への協力の条件として、新しい政治的、経済的、社会的身分を定める権限を有する、ムスリムだけで構成された議会の開催と、フランスによるその受け入れの確約を要求した。しかし、ジロー将官からもペイルートン新総督からも返事はなかった。この時、ファラハート・アッバースは、体裁は整っているが、全体が整理されず、ぶっきらぼうな表現の宣言を起草した。『アルジェリア人民の宣言』である。ここには、人種、宗教を問わず、すべての住民の平等、農地改革による封建的土地所有制の廃止、アラビア語を公式言語として承認、出版と結社の自由、男女の無料義務教育制の確立、信仰の自由などが盛り込まれていた。

（1）英米軍最高司令部をさす〔訳註〕。

総督ペイルートンは、総動員を容易にするため、一九四三年三月三十一日、「来るべき改革の土台として」、宣言を受諾し、宣言書にムスリム有力者もしくは議員五六名に署名させた。そのうえで、時間稼ぎをするため、「ムスリム研究委員会」を開催した。ところが、五月二十六日、財務運営委員会のムスリム代表は『宣言に続く改革計画』と銘打った綿密な政治プログラムを提示してきた。この政治プログラムでは、「アルジェリアは、第二次大戦終結と同時に、アルジェリア全住民によって選出された議員からなる憲法制定議会を招集する。その後、自治国家アルジェリアとなる」と想定されていた。また「自治国家の成立まで、総督府をアルジェリア政府に変更する。この政府では、フランス人とムスリムとが同数の割合で閣僚となり、高等弁務官であるフランス大使が議長をつとめる」とされた。

この改革案を植民地勢力側が受け入れるはずはなく、はたして『国民解放フランス委員会』（CFLN[1]）によって任命された新総督カトルー将軍は、改革計画を拒否すると同時に、六項目のより消極的な改革案を盛り込んだ政令の準備にとりかかった。一九四三年九月二十二日、一九三九年以後、中断されていた財務運営委員会が招集された。ムスリム代表は出席を差し控えた。あらたに発足した「ムスリム改革委員会」が招集された。この委員会は、ド＝ゴール将軍が、一九四三年十二月十二日、アルジェリアの解放を示唆した『コンスタンティーヌ演説』で発表した改革構想を、初めて真剣に検討しはじめた。この改革を「アルジェリアの放棄政策」だとして批判するアルジェリアのフランス人たちの反対も無視し、また法学者の懸念の声にも耳を傾けることなく、CFLN委員長は、ムスリム身分を保持したまま、数万の原住民にフランス市民権を与えると発表した。これは、かつてのヴィオレット法案の約束が実現することを意味していた。だが、「あまりにも遅すぎた」。メサーリー、イブラーヒーミー、アッバースらナショナリズム運動の指導者たちは、この同化政策に一致して反対した。受け入れたのは、穏健派ムスリムと共産主義者だけである。一九四四年三月七日、ド＝ゴールは、ムスリムに適用されていたすべての特別法（原住民身分法を含む）を廃止する政令に署名した。これによって、ムスリムはフランス人としての権利と義務が与えられ、市民あるいは軍人としてのあらゆる職務への道が開かれ、地方議会における議席数は三分の一から五分の二に増えた。旧ムスリム選挙母体では、二十一歳以上のすべての男子アルジェリア人が選挙権を認められた（有権者一五〇万人）。他方、フランス人選挙母体（有権者四五万人）では、ムスリム住民は一六の範疇に分類され、約五〜六万人に選挙権が与えられた。しかし、フランス人選挙母体（第一選挙母体）のアルジェリア人で、有権者登録をしたのは三万二〇〇〇人にすぎない。

（1）一九四三年六月、ド＝ゴールによりアルジェに組織されたレジスタンス組織。一九四四年六月、フランス共和国臨時政府と改称される〔訳註〕。

これ以後、フランスとの協調を保ったうえでの改革を主張する者とアルジェリア民族主義者との間で、直接的な主導権争いがはじまった。中間的立場にいたファラハート・アッバースは、前者のウラマー協会と後者のメサーリーの地下組織PPAとを橋渡しし、統一戦線を形成しようとした。これが「宣言と自由の友の会」Association des amis du manifeste et de la liberté の発足（一九四四年三月十四日）である。その表明された目的は、「アルジェリア国家の理念を周知徹底させ、新しいフランス共和国と連合した形でのアルジェリア自治共和国の樹立を望む」ということであった。しかし、一九四四年から一九四五年にかけて、物価の高騰、とくに闇取引や不正行為が横行し、深刻な経済不安が広がるなかで、アルジェリア民衆は急進化しはじめた。そして、「宣言と自由の友の会」のなかでは、アルジェリア議会やアルジェリア政府を要求するPPAの民族主義者たちの主張が、アッバースの連邦主義派に対して優位に立つようになった。一九四五年三月の「宣言と自由の友の会」（会員三五万人）第一回会議に、メサーリーはアルジェリア人民の誰もが認める指導者として迎えられた。

イスティクラール党の独立要求宣言などモロッコ独立運動の公然化（一九四四年）、アラブ連盟設立会議（一九四五年）、アルジェリアの独立が宣言されるに違いないと噂されていたサンフランシスコ会議（一九四五年）など、国際状況はアルジェリアの活動家たちに来るべき時がきたと確信させるようになった。四月二十五日、メサーリーが軟禁状態に置かれたことが最後の決め手になった。一九四五年五月一日の混乱をきわめたさまざまなデモの後、戦勝記念日の五月八日に予定された祝賀行事が、セティフとゲルマ（コンスタンティーヌとボーヌの中間に位置する町）で武装暴動に変わった。人びとは、「メサーリーを解放せよ！」「独立アルジェリア万歳！」などと叫んだ。二つの町で起きた流血の衝突事件に続いて、隣接する小規模植民村が数日にわたって襲撃された。五万人近い暴徒たちは行き交うヨーロッパ人を無差別虐殺した。死者一〇三名、負傷者一〇〇余名、強姦された者数名、これが「コンスタンティーヌ暴動」（五月八日〜十三日）の悲劇の結末であった。

コロンの恐怖と憎悪は、情け容赦ない弾圧に転じた。政府は、この弾圧により一五〇〇人の死者が出たと発表したが、おそらく実数はその四~五倍と推測される。[1] いずれにせよ、アルジェリア人の思いは、この事件はフランス官憲による挑発行為であり、それが許されぬ大量虐殺を引き起こしたのだ、ということである。軍法会議にかけられた被疑者四五六〇人のうち、一四七六人に有罪判決が下された。たいていのヨーロッパ人は、これで、より大きな暴動の根は断たれたと考えた。これを理由に、ヨーロッパ人議員たちは、三月七日のド゠ゴール令の撤回と、総督シャテニョーの召還の承認を得ようとした。

(1) アルジェリア人側の統計では、死者四万五〇〇〇人、逮捕者四六五〇人、死刑判決を受けた者一八一人、実際に執行された者はおよそ二〇人〔訳註〕。

Ⅲ アルジェリア・ナショナリズムの発展(一九四五~一九五四年)

しかし、シャテニョーはそのまま総督の地位にとどまり、コンスタンティーヌの悲惨な事件の後、アルジェリアの存続と再建に熱心にとり組んだ。経済は遅々として回復しなかった。それにもかかわらず、農地改良庁の設立も、また農村改善局(SAR。一〇九頁を参照)の設立も農村経済の改善にわずかな成果しかもたらさなかった。行政改革が進められ、ムスリム地方議会を開設する準備として、「市町村センター」が設立された。また、政治改革も行なわれ、一九四五年八月十七日の政令で、第二選挙民母体のムスリムも、第一選挙母体のフランス人と同数の議員を本国の国会に送ることが認められた。

しかしながら、PPAと「宣言の友」(公式には一九四五年五月解散命令を受けている)は、フランス第四共和制設立準備のための憲法制定議会選挙(一九四五年十月)を前にして、住民に棄権を呼びかけた。棄権は都市部に限られ、ムスリム選挙民登録者の五四・四八パーセントが投票した。大半はベン・ジャッルールのムスリム議員連盟のメンバー（七議席）と、同化政策支持の態度を変えない社会主義者に票を入れた。ところが、議会ではムスリム議員の提示した統合計画は、フランス人議員とアルジェリア共産主義者に拒否され、憲法制定議会では討議もされなかった。議会は、一九四六年三月十六日、恩赦法を採択しただけであった。

ここに至って、ファラハート・アッバースは連合方針を放棄し、独自の党「アルジェリア宣言民主同盟」（UDMA）を結成した。アッバースが主張したアルジェリア共和国は、フランス連合の枠内での自治共和国であり、国内問題については全権を有するが、外交および防衛の問題はフランス連合の所轄であるとした。共和国は、アルジェリアのフランス人にはアルジェリア市民権を認め、フランスのアルジェリア人にはフランス市民権を認めるとした。さらに、直接普通選挙で選出されたアルジェリア議会は、みずから予算を編成し、立法権を行使するとされた。

この計画はまったく実現せず、UDMAの代議士（一九四六年六月の選挙では、一三議席中一一議席を占めた）は、国民議会で歓迎されなかった。議会でアッバースが、「あなたがたにとって最後のチャンスである。私たちはこれ以上譲歩するつもりはない」と述べたのに対し、国民議会の議長エドワルド・エリオは、「フランス人として」話すよう求めた。唯一、第一選挙母体へのムスリムの登録拡大が議決され、一九四六年十月五日の法によって成立した。第二回憲法制定議会も、『アルジェリア組織法』の審議棚上げのまま解散したが、憲法案を可決した。しかし、この時採択された憲法規定では、第六〇条『海外県』の条項に、アルジェリアの地位は言及されていない。

一九四六年十月、新憲法案が国民投票によって可決された後、十一月、ふたたび国民議会選挙が行なわれたが、今度は、UDMAの議員が選挙ボイコットを呼びかけたため、アルジェリア人の投票率は三九パーセントにとどまり、結果的に議席配分がまったく変わってしまった。政府の支援を受けた御用候補者が八議席を占め、アルジェリア共産党（ＰＣＡ）二議席、メサーリー解放後にメサーリー派が組織した新党ＭＴＬＤ（「民主的自由の勝利のための運動」）五議席であった。

一九四七年、フランス議会は、ようやく「アルジェリア組織法」にとり組んだ。フランスあるいはアルジェリアの政党から提出された七案は、いずれも同化志向でもなく、独立に好意的でもなかった（議会主権を認めないＭＴＬＤは棄権した）。三案は連合国家制を意図し、そのうち共産党案は、「アルジェリアの独立は、帝国主義の基盤強化になるであろう」とみていた。現状維持を望んでいたアルジェリアのフランス人議員たちは、何も提出しなかった。そのころ、アルジェリアでは、「フランスに捨てられたアルジェリアは――必要なら国連に助力を求めることで――みずからを、みずからの力で救わねばならなくなるだろう」といった小冊子やビラがまかれていた。

一九四七年九月二十日、フランス議会が可決したアルジェリア組織法は、非常に保守的なビドール案であった。それによれば、アルジェリアは、一九〇〇年の法案と同じく、市民生活にかかわる権限と財政自治権を有する県の集合体と定義された。行政権は総督にあり、評議会がこれを補佐し、立法権はフランス国民議会に属したままだった。「財務運営委員会」――すでに、一九四五年九月に「財務議会」と名称変更されていた――は、この組織法によって「アルジェリア議会」と呼ばれるようになったが、その権限はほとんど変わらず、基本的に財政運営機関であった。また、フランス議会で可決された組織法は、それを実施するためにはアルジェリア議会の承認を必要とし、さらに要求があれば三分の二の多数決で採決されねばならなかった。アルジェリア議会はフランス人とアルジェリア人の「同数の代表」、すなわち第一選挙母体から選出された六〇名（フランス人）と第二選挙母体から選出された六〇名（アルジェリア人）で構成された。第一選挙母体は、フランス市民権を持つ四六万四〇〇〇人（男女）とムスリム（男のみ）五万八〇〇〇人から成っていた。第二選挙母体は約一三〇〇万の男性ムスリムである。アルジェリア人エリートをヨーロッパ人の中に組み入れるための諸法令は放棄されなかったし、またこの議会を本当にアルジェリア国民（ヨーロッパ人九二万二〇〇〇人、ムスリム七八六万人）を代表する議会にしようというものでもなかった。それゆえ、アルジェリアのムスリム議員たちは、穏健派も含めて全員が政府の改革に反対し、この「恵与された」組織法を承認できないとして、審議を拒否した。たしかに組織法のなかには、混合町村の廃止、イスラームの信仰の自由、すべての教育段階におけるアラビア語教育の実施、さらにムスリム女性にも原則として選挙権を授与など、ムスリムの地位を改善する具体的な条項が入っていた。しかし、空しい約束でしかなかった。というのは、これらの条項の実施にはアルジェリア議会の承認を必要とし、三分の二という不可能に近い多数決の同意を必要としたからである（議席の半数を占めるフランス人議員は常に反対に回った）。

したがって、『一九四七年九月二十日の組織法』が、アルジェリアのフランス人たちからは不名誉と見なされ、ムスリムたちからは一種の暴力と受け取られたのもうなずける。この二重の反発は、一九四七年十月、地方選挙でメサーリーのＭＴＬＤと「アルジェリア同盟[1]」の勝利となって表面化した。前者が、ムスリムに割り当てられた議席の大部分を、後者がフランス人に割り当てられた議席のほとんどを占めた。「アルジェリア議会」選挙は延期された。総督シャテニョーは、マイエール（コンスタンティーヌ県選出議員）から軟弱すぎると批判をうけて、国家主義的社会主義者ナージュランと交代した。ナージュランは、ムスリムの民族主義者たちの影響力を弱めようと決心し、政府に「良い選挙（ボンヌ・エレクシヨン）」を実施するように命じた。一九四八年四月四日に実施された「アルジェリア議会」議員の選挙は、いわゆる「良い選挙」であり、軍や憲兵隊による投票者強迫、ＭＴＬＤ候補者の逮捕などが行なわれ、また死者の出る衝突事件が起きた。アルジェリア人に割り当てられた六〇議席のうち、四一議席は「政府寄り」候補者が占め、九議席をＭＴＬＤが、八議席をＵＤＭＡが、二議席を無所属が占めた。この後に行なわれた何回かの選挙は、すべて政府側の勝利であった。しかし、不正選挙の責任は、総督とフランス軍だけにあったのではない。これらの「選挙」をすべて有効と認めた第四共和制の国民議会、つまりフランス政府も、こうした「いつもの手口」の片棒をかついでいた。

（1）第四共和制下のアルジェリアで活動していたフランス政党の連合体（ただし共産党、社会党およびド＝ゴール派のフランス国民連合は不参加）〔訳註〕。

総督ナージュランおよび後継の総督レオナールによる政策は、ムスリムを失望させたが、アルジェリアのフランス人たちからは感謝と好意をもって受けとられた。策略と力で現状を恒常的に維持できると確信していたアルジェリアのフランス人たちは、まったく譲歩しなかった。アルジェリア議会は、一九五六年四月に解散したが、組織法に定められた条項の審議さえもしなかった。懸案の社会保障の整備について、議会は一二〇票中五五票で採決された制限案で満足していた。直接税を上げないという方針に執着するあまり、議会は将来への展望をまったく提示できなかった。ムスリムのアルジェリアは、根本的改革のための法的出口がすべて閉ざされているのに気づいた。一九五三年、ファラハート・アッバースは、「もはや機関銃（ミトライエット）以外に解決はない」と宣言した。すでに、チュニジアとモロッコでは武力による闘いがはじまっていた。

かくして、ナショナリストたちは支持者を増やした。ウラマー協会は学校の建設とイスラーム教育のネットワークによって影響力を拡大し、完全にアラブ・イスラーム寄りの若者層を育成した。西欧文化を身につけたエリートと穏健派の政党UDMAは、大衆的人気を失っていたが、この頃からフランス好きの名士の心をひきつけるようになった。他方、MTLDは、都市労働者層を熱狂させ、農民の革命意識をめざめさせた。MTLDは、専従の党役職者によって運営される完全な政治組織を作りあげた。すなわち、裁判官、収税吏、密偵をもち、アルジェリアを五つのウィラーヤ（州）、三三のダーイラ（県）、一〇〇余りのカスマ（郡）に区分した。MTLDの活動家であったベン・ベラ、アイト・アフマド、ブーディヤーフ、ブースーフらは、一九四七年ごろ、OS（特別組織）という地下運動組織を作り、武装蜂起の準備をはじめた。しかし、一九四八年、OSの地下運動は発覚し、多数の活動家が逮捕された。一九五〇年には組織を解体されたが、その後、エジプトの援助で再建された。メサーリーが軟禁状態に置かれて影響力が低下している間に、アルジェ市長J・シュヴァリエはMTLDの議員たちから市政に参加するという約束をとりつけた。フランス国内に軟禁され、アルジェリア情勢を正確につかめない党首メサーリーは、明確な指示方針が出せなくなっていた。そのため、一九五三年には隠れていたMTLDの内部抗争と分裂が、急に表面化しはじめた。メサーリーは、一九五四年七月に忠実な党員により終身総裁に選ばれたのに、MTLDの「アルジェ中央委員会」メンバー――改革主義的志向の知識人たち――は、新しい党派「中央委員会派（サントラリスト）」を結成した。さらに、一九五四年五月、ベトナムのディエンビエンフーでフランス軍が敗北したのを知ると、OSの元メンバーたちは第三のグループ「統一と行動の革命委員会」（CRUA。FLNの前身）を組織し、蜂起を早める決断をくだした。彼らが、一九五四年十一月一日の蜂起を組織、指導したいわゆる〈九人の歴史的英雄〉[1]であった。チュニジアがファッラーグ（農民や都市下層民を中心とした匪賊）の武装闘争によって内政の自治を勝ち取ったことは、彼らに決断をさせた。民族解放軍（ALN）という小規模の秘密軍事組織が蜂起の準備についた。蜂起の日は、一九五四年十一月一日と決定された。

（1）ムラード・ディドゥーシュ、カリーム・ベルカーシム、ムハンマド・ブーディヤーフ、ムハンマド・ハイダル、アイト・アフマド、アフマド・ベン・ベラ、ムスタファ・ベン・ブールイード、ラバーフ・ビータート、ラルビー・ベン・ムヒーディーの九名〔訳註〕。

第四部　アルジェリア戦争

武装蜂起は、オーレス地方を中心に、同時多発テロと武装グループによるデモとともに火蓋を切った。時を同じくして、運動の指導者たちはカイロから「民族解放戦線」（FLN）の設立を宣言した。彼らは、これまでの数十年におよぶ闘いによって、民族運動は実現の段階に達したと考え、「植民地体制の清算」と改良主義のあらゆる残滓（ざんし）の根絶、さらに「アルジェリア国家の再建と民族独立」をめざして革命闘争に突入すると、声明を発表した。FLN指導者たちは、民族自決権とアルジェリア民族の承認について フランス政府に交渉を提案する一方で、何よりも「アルジェリア問題の国際化」を意図し、次のように宣言した。「戦闘は長びくだろう。しかし、解決の道は必ず見出されるだろう」。内務大臣ミッテランは、「この宣言を厳粛に受け止め、アルジェリアはフランス共和国の中心、心臓であり、フランスの未来を保証するものである。したがって、あらゆる手段を講じて保持されるだろう」と回答した。総督は、ただちにMTLDの解散とメサーリー派および中央委員会派（サントラリスト）の活動家たちの逮捕――彼らが武装蜂起とは無関係と知りながら――を命じた。フランスの国防大臣シュヴァリエがこれに抗議し、釈放された活動家たちは、即刻、アルジェリアを離れた。こうして、MTLDの分裂および情勢の急展開とともに、メサーリーは独立闘争の中心から遠ざけられていった。MTLDの知識人層を中心とした中央委員会派はFLNに合流し、他の有力な活動家やグループもこれに加わった。他方、FLNとの共闘を拒否するメサーリー派は、新しい党派「アルジェリア民族運動」（MNA）を結成した。当初、フランス軍の反撃は思わしくなかった。共和国首相マンデス・フランスは、予備兵を正規軍にまわして、一九五五年二月には、兵力を五万六五〇〇人から八万三四〇〇人に増員したが、武装グループを粉砕するには至らなかった。さらに、容疑者たちに対する過酷な取り調べは、かえって武装グループ勢力を増強させることになった。

当然のことながら、共和国首相は新しい構想が必要と考え、一九五五年、新総督にド＝ゴール派の代議士J・スステル（最後のアルジェリア総督。一九五六年二月二日帰任）を任命した。しかし、アルジェリアのヨーロッパ系住民や軍人たちは、民族主義者たちに手ぬるいとしてマンデス・フランスに批判的であった。そのため、彼の任命したスステルは「土着ユダヤ人」であると告発され、また、軍の信頼は得られないとして歓迎されなかった。このような状況のなかで総督に就任したスステルは、しばらくの間、自分の考えを抑えざるをえなかった。自著のなかで何といおうと、総督は統率力のある男として行動しなかった。民族主義の宣伝活動とカビール地方および北部コンスタンティーヌ地方における武装叛乱の拡大を前にして、総督は、軍事的解決は不可能であると判断し、穏健派民族主義者との交渉による解決――具体的な政治的解決案を用意せず――をはかろうとした。実際には、スステルは、協力者の提案による些細な改革（ムスリム役人の増加、貧困のムスリム住民に社会・教育的支援を行なう、いわゆるソシアル・センターの設立）をするにとどまり、軍の主導権を認めた。予備役の動員によって増兵され、兵の数は一二万に達した。本能的に旧アラブ局が頭に浮かんだパルランジュ将軍は、一般的な治安問題を担当するSAS（特別行政局）の設置を要請した。アフリカのフランス軍におけるもう一つの伝統である「グーム」[1]が、GMPR（農村機動警備隊）の名で再生した。バンドン会議で帝国主義・植民地主義の決定的敗北が明らかになったのに、またモロッコやチュニジアが独立しようとしているのに、服属した部族の統治に有効であったとして過去の制度を単純に復活させる方法は、政策の誤りにほかならなかった。こうした政策の失敗が、アルジェリア民族主義者の行動を有利にした。彼らは、『アラブの声』（ラジオ・カイロ）および国連（アルジェリア問題がはじめて議題になったのは、一九五五年九月三十日の第一〇回国連総会）を宣伝活動の手段として利用し、また、ナセルが指導するエジプトの積極的軍事支援を得ていた。FLNが大衆動員や資金徴収の機関として設けたOPA（政治行政機構）が、フランス行政機構に代わってムスリム原住民を支配するようになった。こうした状況の変化を前にして、総督スステルは、かつての同化政策に期待するようになり、一九五五年九月、「統合政策（ポリティク・ダンテグラション）」と名称変更して発表した。この独断の政策変更は首相のエドガー・フォール（マンデス・フランスの後任）を驚かせたが、任命権者として首相はその責任をとろうとはせず、一九四七年の組織法を忠実に適用する準備をさせた。

（1）原住民徴集部隊。「グーム」という言葉は、部族、民族を意味するアラビア語「カウム」の訛り〔訳註〕。

フランスが解決のために過去のさまざまな政策を議論している間に、FLNの断固たる意志をみせつけるような事件がおきた。一九五五年八月二十日から二十一日、北コンスタンティーヌ・ウィラーヤ（全国を六つに分けたFLN「戦区＝ウィラーヤ」の一つ）が、地域のムスリム住民の支援を得て、コロンの村三六か所の襲撃を開始した。この決死の作戦（襲撃者のうち一二七三人が命を失い、ヨーロッパ人七一人を含む一二三人を殺害）は、計画どおり、ムスリムとヨーロッパ人の分裂を引き起こした。報復作戦を展開するヨーロッパ人は、もはや一般のムスリムと叛逆者の区別をしなくなった。一般のムスリムは、ALN（民族解放軍）という、いまだほとんど組織化されていない兵士たちを「ムジャーヒドゥーン（聖戦の戦士）」と認識するようになった。ムスリム議員たちは、感銘してか、それとも脅えからか、辞職した。「アルジェリア議会」の議員や旧財務運営委員会の政府寄り委員までが「アルジェリアの民族思想」について語りはじめ（六一人の動議）、スステル議案のボイコットを呼びかけた。軍事闘争の激化は、フランス政府に政策の決定をせまった。共和国首相フォールは、選挙民の声を聞くことにした。国民議会解散後の総選挙（一九五六年一月）で、フランス国民はアルジェリア問題に対する意見を求められた。総選挙では交渉による解決をとなえる「共和戦線」（ギィ・モレ、マンデス・フランス）が勝利を収めたが、これは、統合政策の拒否と「アルジェリアの法人格」の承認を通知するものであった。本国の選択に反対するアルジェリアのヨーロッパ人たちは、ただちに抗議行動をはじめた。一八六三年や一八七一年の時と同様に、彼らは公安委員会に訴えるとともに、各地に防衛委員会を結成した。新首相モレは、総督職に代えてアルジェ駐在相職を設け、カトルー将軍（一九四四年の改革政策〔一二〇〜一二一頁参照〕に深く関わった）を任命した。アルジェのヨーロッパ系市民は、将軍に強い抵抗の姿勢を示し、他方、パリに帰任していたスステル総督には、まるでローマ帝国の凱旋将軍に対するような熱烈な賞讃の言葉を送った。一九五六年二月六日、首相モレがアルジェを訪問したとき、ヨーロッパ人たちは、モレに罵声とともにトマトを投げつけ、強い反対の意思表示をした。彼らの要求はすぐにかなえられ、カトルー将軍に代わって、ラコストがアルジェ駐在相に任命された。モレは、アルジェで「フランスとアルジェリアの絆は断ちがたい」と話し、またパリでは、ムスリム議員たちと自由な話し合いが行なわれると明言した。国民議会——共産党員も同意して——は、アルジェリアの秩序回復と民主政治の樹立のための特権をモレに認めた（一九五六年三月十二日）。この時から、モレの指揮下にあるアルジェ駐在相は独裁的権限を振るようになった。

ラコストのアルジェ駐在相任命は、交渉による解決から民族運動の武力征圧への政策転換を意味した。アルジェリア征服の英雄ビュジョー将軍に心酔する元組合活動家ラコストは、アルジェリア民族主義を粉砕するために軍事問題を最優先した。彼の要請を受けて、政府は一九五三年の予備兵を、ついで一九五二年の予備兵を再召集し、軍の大幅な増強を行なった。その結果、約四〇万に増強された軍隊が、碁盤の目のように細分された地域に配置された。また、武器輸送ルートを遮断するために、アルジェリア・チュニジア国境に巨大な鉄条網の建設がはじまった。戦区の徹底的掃討は、原住民の秩序回復と並行して行なわねばならなかった。軍隊は、「新生アルジェリア」建設のために召集された。このことが、やがて軍隊をこの国の中心政治勢力にしてしまうのである。

こうして、アルジェリアにおける政治・行政問題は、次第に大臣や本国政府の専権的管轄から離れていった。一九五六年初頭のアルジェリア議会解散および混合町村の廃止は、ムスリム議員の数を増やし、FLNに敵対する「第三勢力（フランスとの協調姿勢をとる穏健派ムスリム）」を伸ばす絶好の機会であったにもかかわらず、軍の要求に答えた単なる行政改革が行なわれたにすぎない。たとえば、行政県の増加やサハラのアルジェリアへの統合――「仏領サハラ」という本国案に反する改革――などがそれである。初めてムスリムがフランス人と平等の資格で地方自治に参加することを認める行政改革は、政治的影響力拡大につながるものであったが、現実にはムスリム集団はSAS（特別行政局）の軍人によって監視されていた。革命的政策として告示された農地改革は、きわめて小規模なものであった。アルジェリア組織法（一二五〜一二六頁参照）については、アルジェリア人議員と交渉によって決めることになっていたが、実際には軍部の意向を重視しながら、その実施方法が検討された（「カビール政策」）。結局、十二月五日、選挙によって選出されたすべての議会が解散した。こうして、新生アルジェリアは「剣の政体」に戻った。

一九五六年になると、FLNはその軍事的、政治的活動を強化した。オラン地方へ、さらに諸都市へと拡大されたゲリラ戦に加えて、FLNは政治的にも着実に成果をあげていた。すなわち、ウラマー協会と非合法のアルジェリア共産党のFLNへの合流、労働組合の結成（UGTA＝UGEMA）、ムスリム学生の無期限ストライキ、アルジェリア人将校・兵士の脱走などである。とりわけ、一九五六年四月からは、穏健派ナショナリスト指導者たちがカイロに集まり、また分裂していたMTLDが再結集し、中央委員会派のラミーン・ダッバーギーンを初代委員長に選んだ。これはアルジェリアにおけるメサーリー派の崩壊を意味していた。国内FLNの責任者たちは、フランス軍の監視の目をかいくぐり、一九五六年八月二十日、カビール地方のスーマーム峡谷で重要な秘密会議、いわゆる「スーマーム会議」を開いた。国外指導者たちを召集する時間的余裕はなかった。(1) 民族解放軍（ALN）は、カリーム・ベルカーシムを長とする唯一の参謀本部に統率された。FLNの最高の議決機関として、会議で選出された三四名の委員から構成される「アルジェリア革命全国評議会」（CNRA）と、五名の委員で構成される「調整・執行委員会」（CCE）が設立された。戦士たちは、集団指導体制の継続を要求し、闘争目標を、社会主義的、民主主義的統一アルジェリア共和国の樹立と定めていた。

（1）実際には、国外にいたベン・ムヒーディーが、密入国して参加した〔訳註〕。

SFIO（国際労働者同盟フランス支部＝フランス社会党）が、党大会で停戦と交渉による解決を決議したため、首相モレはFLNとの接触を指示した。ローマとベオグラードでの二度の予備交渉の後、交渉は九月末に中断された。十月二十二日、ベン・ベラ、ブーディヤーフ、アイト・アフマド、ハイダルらFLNの幹部を乗せたモロッコ機が、副大臣マックス・ルジュンヌによりアルジェに強制着陸を命じられた。この時、チュニジアのブルギバの発案で、和平の糸口を探るため、チュニスでマグリブ会議が予定されていた。FLN代表はモロッコで落ち合い、モロッコ国王の名でチャーターされた飛行機が、ラバトからチュニスに向かう途中であった。彼らの逮捕により、和平の交渉はもはや不可能になった。一週間後に、もっと重要な事件が起きた。十月二十九日、仏英軍がイスラエル軍とともにスエズ運河に進軍したのである（スエズ戦争＝第二次中東戦争）。この遠征の失敗とモロッコ機乗っ取り事件によって、世界の耳目はアラブ諸国に向けられ、フランスの威信は傷つけられた。ラコスト＝モレ安全宣言――「いまや、平和は回復されている。もはや匪賊（ファッラーグ）の勝利を信じる者は一人もいない」――とは裏腹に、アルジェリア国民はフランスの権威からますます離脱していった。

ムスリムの叛乱を理解できないアルジェリアのヨーロッパ系市民は激昂していた。だからこそ、直接行動を呼びかける過激派が、たちまちにして多数の支持者を集めたのである。アルジェリアの放棄を準備しているとして、社会主義・共和戦線政府を繰り返し非難することによって、「極右派（ウルトラ）」は革命の雰囲気を醸（かも）し出していった。一九五六年十二月二十二日、アルジェ郊外のブー・ファーリーク市長フロジエ(1)が、テロリストのアリーによって暗殺された。彼の葬儀は、極右派にとって、暴力行使（アラブ人に銃や鉄棒により激しいリンチを加えた）やテロ活動（ムスリムの映画館やアラブ人居住地区＝カスバに爆弾が仕掛けられ、リベラル派とみられていたサラン将軍に向けてバズーカ砲が発射された）の絶好の機会であった。FLNの方も、一九五六年七月、アルジェの刑務所にいたALN戦士二名が処刑されたのを知り、都市テロリズムに訴える決断をくだした。とりわけ、アルジェでは市民をも巻き込む凄惨なテロリズム闘争が展開された。アルジェ駐在相ラコストが、あらゆる手段を用いてテロリスト組織を破壊する処置を、パラシュート部隊に委ねたのはこの時である。「アルジェの戦い」（一九五七年一月〜九月）は、テロリスト組織を破滅に追いこんだが、心理戦においては、多大の犠牲を払った彼らに勝利をもたらした（古代ギリシアの王ピュリスのように）。というのも、奴隷扱いを受けたアルジェのムスリム住民は、「フランス人」という名に対する憎悪を、イスラームの国アルジェリア全土に広めたからである。若い女性たちが拷問に苦しみ、アルジェ大学教授モーリス・オーダン（アルジェリア共産党員）がFLNを支援していたとして逮捕され、獄死した（一九五七年）。日常的になったこうした報道に、フランスの世論は動揺した。

（1）大土地所有者でヨーロッパ人右派の政治指導者。アラブ人虐待により、彼らの憎悪の的とされていた〔訳註〕。

一九五七年、内陸部でフランス軍とアルジェリア軍ゲリラ部隊の激しい戦闘が展開された。大きな打撃を受けたアルジェリア軍部隊は、武器不足のため建て直しは困難になった。一方、フランス軍は、農村住民が山岳地のゲリラ兵（マキ）に住居や食糧を提供するのを阻止するため、住民を家畜ごと一定地域に集団隔離する政策をとった。この隔離政策により、ALN部隊は、完全に掌握していた地域（アルジェリア東部地中海岸のコロ、ジジェル、アル・ミリーヤ）においても孤立に追い込まれた。そのうえ、アルジェリア軍は、内部の反対派（オーレス山地の部族民）やメサーリー派の少数のゲリラ部隊とも戦わねばならなかった。一九五七年五月、ALN部隊はメサーリー派の拠点メルーザ村を襲撃し、村民三七四人を虐殺した。しかしその結果は、ALNと対立してジェルファ地方を一時支配していたベッルーニス将軍（ムハンマド・ベッルーニス）をフランス側に追いやっただけであった。ALNは、チュニジアの協力で東部基地を確保し、フランス軍がチュニジアとの国境沿いに鉄条網（モーリス線）を完成させるまでは、この基地から安全に進軍できた。政治面では、「調整・執行委員会」（CCE）のメンバーたちは、委員の一人ベン・ムヒーディーの逮捕と刑執行（一九五七年五月五日）の後、アルジェを退去せざるをえなくなり、チュニスに亡命、同地でCCEを再組織した。カイロに召集された「アルジェリア革命全国評議会」（CNRA）は、CCEの執行委員を五名から九名に増やし、それにファラハート・アッバースを加えた。

　国連に北アフリカ戦線が創設されたことを懸念するフランス政府は、アルジェリア組織法についてアルジェリア議員と討議することを断念し、アルジェリア問題が国連総会で討議される予定日の七日前に、大綱法（ロワ・カードル）を議会に提示した（一九五七年九月十三日）。フランスから「恵与された」この法は、アルジェリアを「フランスの一部」として維持しながら、「アルジェリア人としての人格の尊重」を約束していた。アルジェリアを「自治権を持つ地域（テリトワール・オートノム）」と県に分割するという、このわかりにくい法の目的は、地域主義やエスニック集団の帰属意識を呼び覚ますことによって、アルジェリア・ナショナリズムを消滅させることにあった。起草者は「分割支配」を意図していたようである。しかしながら、大綱法が近い将来に単一選挙母体による選挙を予定していたため、アルジェリアのヨーロッパ人たちの怒りを買い、フランス右翼を不安に陥れた。大綱法は、九月三十日の国民議会で否決されたが、将来の連邦制度にそなえて市町村議会を設け、同時に地域評議会（コンセイユ・デ・テリトワール）を設置するという修正案が提示された。一九五八年二月五日、議会は感激というよりも諦めの気持ちから、大綱法を可決した。これで、カビール地方を含む五つの「自治地域」が法律上承認された。FLNは、「アルジェリア解体を意図する、ばかげた法」と評し、ムスリムに対し、あらゆる議会への立候補を禁じた。駐在相ラコストは、仕方なく市町村に特別委員団を任命したが、委員団は定められた期限内に地域議会議員を指名することができなかった。

一九五八年は、フランス空軍によるチュニジアのサーキヤト・スィーディー・ユースフ村砲撃事件とともにはじまった。ALNの攻撃に対する報復であった。この失策をうかがっていたチュニジア政府は、すぐにアメリカ合衆国とイギリスに「調停」を求め、アルジェリア問題を国際問題にすることに成功した。フランスのガイヤール政府がアメリカの要望（モネ〔戦後のフランス経済復興政策の立案者〕を介して伝えられた）を忍従しつつ受け入れたこと、さらにタンジェ・マグリブ会議がFLNにマグリブの同胞国として完全な支援を約束したことが、フランス国民とアルジェリアのヨーロッパ人たちの不安をかきたてた。アルジェリアのヨーロッパ人たちは、街頭デモを再開し（四月二十六日）、ガイヤール政府は倒された。新内閣組閣に参画しない決心を固めていたラコストは、「われわれは外交上のディエンビエンフーに向かいつつある」と言い残して、アルジェを去った。

五月十三日、退役軍人たちは処刑された軍人たちへの讃辞のデモを呼びかけた。デモ参加者のうち、フランス領アルジェリアの突撃隊を自任していた少数のヨーロッパ人学生たちは、デモ終了後も解散せず、同調した一部兵士とともにアルジェ政庁の門に突っ込み、占拠した。この時、以前の暴動時と同様に「公安委員会」（マシュー将軍の指揮）が結成されたが、問題の処理は軍に任された。軍は本国政府に反旗を翻しパリに公安委員会政府の設立を要求し、サラン将軍はその元首にド＝ゴール将軍の名をあげた。公然たる内戦を回避するため、また第四共和制政府に対する軽蔑から、フランス人は、ド＝ゴールに戦争終結を期待して、彼の指名にこぞって賛成した。しかし、いかにして戦争を終結させるかについては、相変わらず意見の一致はなかった。ある者は軍事力による勝利に、また、ある者は交渉による解決に期待していた。

第二章　「五月十三日」からエヴィアン協定まで

アルジェリアのヨーロッパ人と軍人たちが勝った。「統合」の支持者は、わが時来れり、と信じた。この統合政策に関わった軍心理作戦局士官たちは、いわゆる「フランス人とムスリムの同胞(フラテルニザシヨン)」というキャンペーンを展開したが、他方、ヨーロッパ人はムスリムが降伏すると確信していた。軍人の多くが抱いていたこの幻想のために、後々、個人も集団も失望と惨劇に直面することになる。

ところで、ド゠ゴール将軍は、コティ大統領から正式の要請を受けて、一九五八年六月一日、首相として政権に復帰し、国民議会からも全権を与えられた。ド゠ゴールは、アルジェのフランス人叛乱者たちとも、陸軍大佐たちとも与しない自由な立場にあったが、すぐにみずからの立場を明らかにする機会を得た。六月四日、アルジェ政庁前大広場で演説し、ヨーロッパ人とムスリムとの単一選挙母体による単一選挙への移行を法的に認めさせた。しかし、将軍は、和解を呼びかけるための「統合」のスローガンは避けた。ド゠ゴール演説に対し、FLNは断固として拒否すると回答したが、メサーリー・ハーッジュはその鋭敏な感性でもって、ド゠ゴール将軍の考えのなかに、「アルジェリア国家の建設を認める可能性」を見抜いていた。一九五八年九月末、ド゠ゴールが起草した新憲法案が国民投票でおよそ八〇パーセントの賛成票——アルジェリアにおける票だけでみると、信じがたいほどの高率（九七パーセント）の賛成——で支持された後、将軍はFLNによる「アルジェリア共和国臨時政府」[1]（GPRA）の設立を承認しようとした。だが、これが新しい心理的衝撃を引き起こすことになった。コンスタンティーヌでの演説（一九五八年十月三日）は、アルジェリアに政治的、経済的な将来展望を約束することによって、アルジェリア人エリートを味方に引き入れようとの狙いがあった。すなわち、経済的には五年間で、フランスはムスリムに土地二五万ヘクタール、家屋二〇万戸、新雇用四〇万人を提供し、賃金・待遇を本国と同じ水準にまで引き上げ、子供たちの三分の二を就学させるとした。政治的には、ムスリム・エリートが「統合」を拒否していることを知っていたド＝ゴールは、巧妙にその問題を回避し、連合（アソシアション）について話した。十月二十三日の記者会見での「勇者の平和」提言（叛乱軍も武器をおいて話し合いをするようにとの提案）は、交渉への道を開くものであったが、GPRAは敢えてこの呼びかけを無視した。ド＝ゴールの不用意な発言「軍使の白旗」は「降伏の白旗」という意味で受けとられ、以後GPRAは、彼との接触を拒否した。

（1） 一九五八年九月十九日、カイロ、チュニス、ラバトで同時に設立宣言。政府は戦場に近いチュニスに設置された。首相はファラハート・アッバース〔訳註〕。

「五月十三日」暴動を指揮した人びとの間には、「フランスのアルジェリア」という統合政策が決定したような思いが広がっていた。軍は、この幻想をド＝ゴールが否定したので気を悪くしたが、「フランスのアルジェリア」に賛成するムスリム議員を多数フランス国会に送り込めば、当然のことながらド＝ゴールも同意せざるをえなくなるだろうと単純に考えていた。しかしながら、十一月の国民議会選挙でアルジェリア代表として選出された七一名の議員団――「フランス軍の意を代弁する」ムスリム議員四八名を含む――は、アルジェリアの政治的、軍事的現状を隠す煙幕をパリに新たに作り出したにすぎなかった。新しい軍司令長官シャル将軍とドルーヴリエ行政長官（駐在相職に代わって、設けられた行政長官職）の役目は、この戦況の改善にあった。シャル将軍は、もはや武器もゲリラ隊も外部からアルジェリア国内に入り込むことが阻止されたと判断し、国内におけるALNのカティーバ（分遣隊）の組織的破壊に着手した。この掃討作戦は、大部隊を西から東まで全域に移動させながら展開された。その結果、ゲリラ兵の潜在的軍事力は壊滅的になった。平行して展開された農民の強制移住政策で、二一五万七〇〇〇人の農民が故郷を追われ、さまざまな準軍隊組織の統制下におかれた。しかし、これら隔離された農民たちに対してナショナリストの工作活動が続けられた。経済面では、『コンスタンティーヌ計画』が勢いよくスタートをきった。ドルーヴリエの「一千村」建設計画、さらに諸都市の新街区創設計画は、雇用不足や農地改革の遅れを忘れさせるものであった。全体として、フランスの莫大な支出により、都市部ムスリム住民の三〇パーセントとヨーロッパ人の生活水準は、実質的に高められた。政治的には、ムスリムの公務員および軍人の数が倍増し、この頃から、市長の数はフランス人よりもムスリムの方が多くなった。疑いもなく「パパのアルジェリアは死んだ」。だが、このことを世界に納得させねばならない。

国連総会は、一九五八年、アルジェリア人民に独立の権利を承認する決議をかろうじて否決した。しかし、一九五九年になると、合衆国がフランスの意向に反対して賛成票を投じる可能性が高まり、この決議は可決する見込みであった。こうした状況のなか、八月、ド＝ゴールは「アルジェリア視察」を行ない、みずからの意向を非公式に軍将校に伝えた。そして、視察終了後、一九五九年九月十六日夜、テレビとラジオで中継されるなか、平和回復の暁にはアルジェリア人は「民族自決権」を持つことになるだろうと述べた。アルジェリア人は、三通りの解決法から一つを選択することができる。第一は「分離」、すなわち独立、第二はフランス化、すなわちアルジェリアのフランスへの統合、第三はフランスと連合関係を結ぶことによる自治である。これは、「フランスの援助に支えられ、フランスと緊密な同盟関係を持った、アルジェリア人による、アルジェリア人の政府」という第三の解決法を好ましいとするド＝ゴールの意向をあらためて示していた。いずれにせよ、この演説は、何よりも植民地体制の終焉を告げるものであった。
ＧＰＲＡ（アルジェリア共和国臨時政府）は、警戒しながらも、九月二十八日にようやく、国民統合とサハラを含めての領土保全が約束されるなら、停戦条件および自決の保障についての交渉に入る用意があると発表した。国連でアルジェリアの動議が失敗に終った後、この半同意は交渉開始を可能にするものであったが、この問題をめぐって意見対立したＧＰＲＡは意図的に困難な条件――交渉の全権委員として、一九五六年に誘拐され、当時ビスケー湾のエクス島で捕虜となっていた四人の指導者たちを指名――を出して交渉を回避した。

アルジェリアのヨーロッパ人にとっては、裏切られたという思いが強く、また、アルジェリア問題に積極的に関与し、政治化していた将校たちも同じ考えであった。この頃には、ＦＮＦ（フランス国民戦線）の創設者である喫茶店主オルティズと学生指導者シュジニに率いられた極右活動家たちは、あらたな武装行動を準備していた。選ばれた口実は、マシュー将軍の解任（一九六〇年一月十八日）で、これを不当とした。ドイツ人ジャーナリストが公表したインタヴューによれば、将軍の姿勢は、敬意を表した政府命令無視――将校団のなかでは伝統的に許容された態度――から脅迫じみた政府批判に変わっていた。極右派は「マシュー将軍の解任撤回」「フランス人のアルジェリア」「ド＝ゴール退陣」を叫んで、一九六〇年一月二十四日、ＦＮＦ武装デモ隊が憲兵隊にむけて軽機関銃を発射して、一四名を殺害、六一名を負傷させた。国土防衛隊のユニフォームを着た極右の暴徒は、軍を共和国大統領の政策反対へと仕向けるため、挑戦的に二つのバリケードを築き、立てこもった。軍は対応をめぐって内部対立したが、ド＝ゴール将軍のあらたな演説と本国世論の非難を受け、結局政府を支持する姿勢をとった。「バリケードの週」は、暴徒の降伏とオルティズの逃亡で幕がおりた（二月一日）。今度は、ヨーロッパ人たちが将校団を激しく責めたてた。一月にトリポリで再編成されたＧＰＲＡは、二十七日、フランス政府はもはや正当な交渉相手ではないようだと声明を出した。しかし、その後、GPRAはフランス政府の決意と権限を認めて、政府にはその意向についてのあらゆる疑いをとり除く義務があるとした。

ド＝ゴール将軍は、もう一度軍を説得するため、再度アルジェリア視察に出かけた。将軍は、視察中、「アルジェリア人は、フランスと結びついたアルジェリア人のアルジェリアを選択するだろう」とみずからの考えを打ち明けた。六月十四日のアルジェリア民族主義指導者たちに向けての演説でも、同じ趣旨が繰り返された。民族主義指導者たちは、おそらく戦闘員の士気を懸念して——その懸念を助長させるように、FLN第四ウィラーヤ（アルジェ）の指揮官シ・サラーフが戦争は敗北したと判断し、一九六〇年三月、フランス将校と交渉する事件が起こった——弁護士ブーメンジェルを代表とする交渉委員を急遽フランスに向かわせた。しかし、一九六〇年六月二十五〜二十九日、パリ南東四〇キロメートルの町ムランで行なわれた『ムラン会談』は、双方とも最初から交渉断絶を意図していたかのように、決裂した。

『ムラン会談』の失敗は、GPRAを、共産主義国家ブロック、とくに一九五八年九月にGPRAをアルジェリアの合法政府として承認した中国の方に向かわせ、その政治的態度を硬化させていった。以来、GPRAは連合を前提とするアルジェリア人のアルジェリアの原則に反対し、自決をあらゆる交渉の前提条件とする主張を行なった。フランス側は、軍事闘争を続行しながら、同時にアルジェリア議員委員会を設立することによって、GPRAに圧力をかけようとした。ド＝ゴールは、十一月四日に行なった「戦後交渉」についての演説で、「アルジェリア人のアルジェリア」構想を追求する意志を再度表明した。演説のなかでは「将来のアルジェリア共和国の存在」が遠まわしに言及されていたが、GPRAは、これは第三勢力、つまり穏健派ムスリムへの呼びかけにすぎないとして、答えなかった。ド＝ゴールのアルジェリア政策を問う国民投票実施の発表に加えて、この演説は、アルジェリア共和国構想反対派の反発を招いた。アルジェでは、行政長官ジャコメら高官たちの辞職が波紋を呼び、新しく組織された「フランス・アルジェリア戦線」――二〇万人のムスリムが参加していると発表――は、暴力に訴えはじめた。

ド＝ゴールは、反対勢力の力とムスリム側における自分の考えの支持を確かめるために、アルジェリア訪問を決めた。将軍の到着は、ヨーロッパ人の怒号で迎えられただけでなく、特攻部隊に武力行動を再開させることにもなった。武力行動の再開は、軍隊、とくにパラシュート部隊を、反政府に誘う意図があった。ド＝ゴールの到着はまた、アルジェリア人の沈黙を破らせ、彼らの街頭闘争を再開させることにもなった。アイン・タムーシャント（オランとトレムセンの間にある都市）とオルレアンヴィル（アルジェの西二〇〇キロメートル。元のエル・アスナム、現在のシュレフ）で、ヨーロッパ人群衆とムスリム群衆が殴り合いになった。十二月、アルジェのカスバには「（ファラハート・）アッバースを政権に」「独立万歳」「FLNは勝利するぞ」の叫びが響きわたり、通りにあふれたデモ行進者のなかには手書きのアルジェリア国旗を掲げる者もいた。パラシュート部隊がアルジェとオランで攻撃を開始し、一二〇人の死者がでた。犠牲者のほとんどがムスリムであった。

一九六一年一月八日、ド＝ゴールのアルジェリア政策の是非を問う国民投票が行なわれたが、戦争続行か和平かの判断の全権をド＝ゴールに任せるために、意図的にあいまいな形がとられた。アルジェリアのヨーロッパ人は、彼のアルジェリア政策に反対を投じた。ムスリムは、GPRAから棄権命令が出ていたにもかかわらず、約六〇パーセントが賛成であった（フランス本国では七五・二六パーセント）。結局、アルジェリアでの有効投票のうち、六九・〇九パーセントが投票した。GPRAはすべての前提条件を放棄して、一月十六日、交渉に入る用意があると発表した。しかし、四月七日にエヴィアンで予定されていた交渉は、アルジェリア問題相ジョクスが同時にメサーリー・ハーッジュのMNAとも話し合う用意があると発表したため、延期された。四月十一日の記者会見で、ド゠ゴール将軍は、アルジェリアの分離とヨーロッパ人の再編成を考えていることを明らかにした。これは、四月二十一日、暴動を誘発した。引退していたサラン、シャル、ゼレール、ジュウオーの四将軍が構成する軍事革命評議会は、パラシュート部隊やドイツ人傭兵の支援を得て、難なくアルジェの権力を手にした。しかし、本国の徴集兵、海軍と大半の空軍が反乱将軍への支持を拒否したため、二十五日、クーデタは失敗した。シャル将軍だけは降伏したが、サラン、ジュウオー、ゼレール、パラシュート部隊と外人部隊脱走兵たちは、地下運動へと転向した。一方、彼らの指導下で、さまざまなヨーロッパ人テロリスト・グループがOAS（秘密武装組織）に再編され、五月五日にはアルジェで最初の秘密会議が開かれた。この間に、OASはテロ活動のために大量の武器を奪取した。

エヴィアン交渉は五月十八日に開始されたが、捗らなかった。フランスが宣言した停戦も、また、拘留者六〇〇〇人の釈放も、外交上の策略ではないかと疑いをもたれた。交渉は、停戦問題だけでなく、ヨーロッパ人の地位やとくにサハラの帰属をめぐって難航した。サハラ砂漠は、天然ガスと石油の発見（一九五六年六月）によって突如価値を増した。アルジェリア人は、サハラ砂漠をアルジェリアの領土の一部であると主張したが、この「無人の地」に対し彼らの歴史的所有権を説明するには、多少、無理があった。エヴィアンでの交渉は、六月十三日、フランス側代表団の意向で中断された。しかし、国土をヨーロッパ人とムスリムとの間で分割するというフランスの提案に対し、GPRAは全国民に抗議デモへの参加を呼びかけた。七月五日の大規模なデモは、ムスリム住民全員がGPRA側についていることを証明するものであった。さらに、七月十七日、ブルギバがチュニジア北部の港町ビゼルトからのフランス軍撤退を要求して陸上封鎖したため、フランス軍とチュニジア軍が衝突し、多数の死者がでた。この問題は、フランスの国際的立場を悪くした。こうした事件の後、交渉は、七月二十日、エヴィアンの町を見下ろすリュグラン城に場所を移して再開されたが、アルジェリア側交渉団は強硬な姿勢をとるようになり、ただちにサハラを譲渡するよう要求し、また、交渉を無期限に延期した。

GPRAは、交渉の方法と内容についての支持をとりつけるため、八月に「アルジェリア革命全国評議会」(CNRA)をトリポリに召集した。ところが、会議に出席したALN戦闘員たちは、いわゆる「お飾りの人びと」──彼らはアルジェリア諸都市では、歓呼の声で迎えられたが──を激しく批判し、ついにはGPRAの代表ファラハート・アッバースを更迭し、より革命的と見なされた青年ベン・ヘッダを選出した。会議では、ヨーロッパ人にはいかなる特別保障も認めないこと、またフランスとの連合および「アルジェリアのサハラ」への干渉を絶対に拒否することが決定された。さらに、OASが犯した殺戮の責任はフランス政府にあるとした。フランス政府の方も、アルジェリアから「手をひく」と決めた以上は、アルジェリアが臨時政府を設立し、地方勢力の支援を得て、民族自決の作業にとりかかることを認めるとの声明を出した。同時に、将来のいかなるアルジェリア政府もサハラに対する主権を保持することを認めた。これは、フランスがアルジェリアの主権を承認する意向を持っていることを示していた。ベン・ヘッダの好意的な回答を得て、ジョクスと、GPRAの新しい外相サアド・ダフラブによる秘密交渉がはじまった。

しかし、GPRAはすぐには本格交渉に取りかかることはできなかった。というのも、秘密交渉ではフランス側からさまざまなアルジェリア分割案が非公式に提示されていたうえに、一九六一年の秋から一九六二年の冬にかけて、OASの狂気の嵐が吹き荒れたからである。OASの狂気は、「アラブ人狩り」という日常化されたムスリムへのテロ(一五日間で二五六人の殺害)だけでなく、フランス人の将校、警察官、本国裁判官などの暗殺にまで広がった。さらにヨーロッパ人のアルジェリアの反乱は、アルジェリア側の交渉委員を奇妙な力関係のなかに置いた。つまり、フランス軍は内陸部から撤退して、ヨーロッパ人住民の多い都市部に集結せねばならず、そのうえアルジェリア人とフランス人叛乱者の二つを敵にして戦うことを余儀なくされた。フランス本土にまで拡大したOASのテロ行為に憤慨したフランス世論は、即時和平を要求した。フランス政府は、「両共同体間に組織上の協力を確立」することを断念せざるをえなくなった。スイス国境に近い町レ・ルースで、フランス側、アルジェリア側双方の大臣たちが初めて重要な交渉に立ち会い（二月十一日〜十九日）、ついに、一九六二年三月十八日、「第二回エヴィアン会談」で『協定』に調印、停戦が成立した。協定は次のような内容から成り立っていた。

フランスは、アルジェリアとサハラ地域の一五県におけるアルジェリア国家の主権を承認する。アルジェリア人は、アルジェリアがフランスと協力関係にある独立国になることを望むか否か、国民投票によって決定する。独立までの暫定的期間については、フランス政府が任命する臨時政府が統治の責任をもつ。アルジェリアのフランス人は、三年間は二重国籍を保持するが、その後、フランスあるいはアルジェリアのいずれかの国籍を選択しなければならない。彼らの市民権は認められ、その人数に応じた代表選出権が保障される。ヨーロッパ人がとくに多いアルジェとオランは特別政令都市となる。アルジェリアのフランス人はまた、彼ら自身の結社および彼らを保護する裁判所を有する。外国人の身分で居住するフランス国籍保有者には、市民権は認められないが、同等の権利が保障される。いかなる者も、事前に定められた公正な補償金なしには、既得の財産・利益・権利を剝奪されない。フランスは、三年間八万の兵を駐屯させ、五年間サハラに複数の空港を保持し、一五年間オランの外港マルス・アルカビールに海軍基地をおく。

アルジェリアがフランスの利益と個人の利益を保証し、その代わりにフランスは進行中の経済計画に特恵的財政援助をする。技術、経済、財政、文化のレベルで緊密な協力が検討され、アルジェリアとフランスの双方が原則的に同意する。しかしながら、サハラ地下資源の開発のために、フランス＝アルジェリア合同組織が創設される。そして、アルジェリアはフラン圏に属する。

エヴィアン協定の調印とともに、アルジェリアでは、ヨーロッパ人による最後の悲劇的なテロリズムがはじまった。OASのテロリストたちは、三月十八日の協定内容を知ろうとさえせず、フランス軍を直接的に自分たちの戦いのなかに引き込むことが無理と知ると、アルジェリア人の計画的、大量虐殺をはじめた。彼らは、アルジェリア人の大量虐殺、FLNの大反撃、フランス軍の介入、そして戦争の再開というシナリオを描いていた。この煽動によって、アルジェのヨーロッパ人地区バーブ・アルワードで、OAS活動家たちがフランス憲兵隊を襲撃する事件を引き起こした。バーブ・アルワード事件での死者は三五人、負傷者は一五〇人に達した。三月二十六日、OAS地下運動の指導者サランは、ヨーロッパ人住民に対し、ゼネストに参加しバーブ・アルワードに向かうよう命令した。それを阻止しようとするフランス軍は、アルジェのイスリー通りで、ヨーロッパ人デモ隊に向けて発砲せざるをえなかった。この時、サランの共謀者であったアルグーとガルド両大佐は、バシャガ（大郡長）・ブーウラームの指揮下のハルキたち（フランス軍に仕えるムスリム民兵）を味方に引き入れようとしたが、失敗した。結局、OASの煽動作戦は成功しなかった。

四月八日、エヴィアン協定の是非を問う国民投票では、フランス人は有効投票の九〇・七パーセントをもって、アルジェリア独立に賛成すると表明したが、OASは焦土作戦で反撃にでた。石油施設とフランス学校が破壊され、アルジェ大学は焼討にあった。ついで、サランや主な指導者が逮捕された後、OASを指揮していた学生シュジニは、「腐敗、堕落した」フランス政府への最後の挑戦として、臨時政府を介して、OASの名でFLNと交渉した。FLNは、六月十七日、破壊活動の停止と引き換えに特赦を約束した。しかし、すでにOASの特攻部隊とその隊長たちは、「よその作戦地に呼ばれて」、姿を消していた。軽率にもOASのテロ活動に協力したヨーロッパ人たちは、エヴィアンの保証にも、六月十七日の保証にも耳をかさず、パニック状態のまま祖国を去った。悪徳指導者たちが、人びとを祖国喪失に追い込んだのである。間もなく決定的となるヨーロッパ人の大量流出は、エヴィアン協定の予測事態をすべて覆して、アルジェリアをアラブ゠ベルベル人に返還することになった。

七月一日、民族自決の国民投票において、アルジェリア人は、「ノン」一万六六五三四票、「ウイ」五九七万五五八一票の圧倒的多数でもって、独立を選んだ。一三二年間のフランス支配の後、アルジェリアは独立アラブ国家になった。

多くの側面をもつアルジェリアのこの長い悲劇について、歴史家はいまだによくわかっていない。したがって、その最後の局面について、合理的な判断をくだすことができない。少なくとも、歴史家は、公平さを欠く説明は避けなければならないし、また、まず自分自身の責任を問うことをしない人びとの単純化した説明も避けねばならない。

明敏なる観察者であれば、ムスリム・アルジェリア人のなかに民族意識が成長していくことに気づいたはずである。貴重な歴史的教訓を学ぶ機会はあったはずである。たとえば、譲歩があまりにも少なく、遅すぎた老ハプスブルク王家の場合、結局、第一次大戦を招き、崩壊した。イギリスは、エジプトとインドで、戦わずして徐々に植民地支配から引いていった。中近東諸国やインドシナにおけるフランスは、戦ってすべてを放棄する方を選んだ。これらの歴史体験は、アルジェリア問題におけるフランスにとって、はっきりと将来を予見させ、とるべき政策の方針を示していた。民族的理念に取りつかれたムスリムと、自由主義的改革には何であれ反対するヨーロッパ人との間にあって、フランスが果たすべき役割は、この民族主義の解放に手を貸し、将来、フランス人とムスリムの融合した真のアルジェリア民族を形成するために、仲介者となることだけであった。リヴァロルがフランス革命について語っているように、「もし革命を避けようと思うならば、みずから進んで革命をすべきである」（リヴァロル）。

一九四四年から一九四七年の間になされた努力や改革を別にすれば、第四共和制が、困難ではあるが必要なこの仕事を怠ったことを認めなくてはならない。総督ナージュランによる植民地体制への回帰政策、およびアルジェ駐在相ラコストが急いで実施した占領軍事体制への回帰は、アルジェリア人ムスリム政策に関するかぎり、第四共和制の失敗を示している。他方、一九五六年二月六日、首相モレがアルジェでヨーロッパ人の暴動を前に妥協したのは、自分たちの意志をフランスに認めさせようとする積極的活動家たちの執拗さに屈したからにほかならない。

ムスリムがド＝ゴール将軍の最初の呼びかけを好意的に受けとったのは確かであるが、一九五八年五月十三日以後の軍の政治介入が問題を複雑にした。軍は、アルジェリアをフランス人ナショナリズムの砦にすることによって、アルジェリア人ナショナリズムを引き裂いたばかりでなく、アルジェリアのフランス化という幻想にとりつかれて、アルジェリアのヨーロッパ人たちが状況を熟慮反省すること――それは彼らを救出したかもしれない――を禁じた。一九四〇年以来の相次ぐ敗戦やインドシナででっち上げた神話によって強迫観念につきまとわれていたフランス軍は、問題はフランス政府の単純な失敗であったのに、それを世界的共産主義の陰謀のせいだと人びとに信じさせようとした。これらの誤った診断の結果は一つ、穏健派民族主義の第三勢力を誕生させるための真剣な努力を政府に禁じ、FLNを唯一の交渉相手として選ばせてしまった。

他方、「フランスのアルジェリア」を挫折させたのはどの政府であるのかを議論する必要はない。なぜなら、フランスは――いかなる体制下にあっても――脱植民地時代に、アラブ民族主義を敵にした戦争によって、アルジェリアをフランス化させることはできなかったはずだからである。アルジェリア喪失の本当の責任者は、一九一九年から一九五四年にかけて、あらゆる改革を頑固に拒否し、妨害した人びと、また一九五八年以後、都合のよい、偽善的なアリバイとして統合を奨励した人びとである。つまり、何よりも責任は、アルジェリアのヨーロッパ人たちの集団責任なのである。こんにち、彼らは、歴代フランス政府を、少数の地方代表議員の抵抗に屈し、本国の政策を押し通さなかったとして非難している。だが、アルジェリアのヨーロッパ人たちは、ムスリム住民に対する自由主義的政策というと、どんな形であれ、常に一致して反対していた。ムスリム議員たちが、ついで植民地アルジェリアの諸戦線が要求し続けた数々の改革の遅れは、結局はアルジェリアのヨーロッパ人を根無し草にした。

より広い歴史的展望に立つならば、個人の責任か集団の責任かという評価を超えて、フランス人は、アルジェリアのムスリムたちが、征服されても、みずからの文明をけっして放棄しなかったことを知るべきである。アルジェリアの一部知識人たちがフランス文明に対して虜になるほど魅力を感じたとしても、全体として征服された人びとは譲らず、みずからの宗教とみずからの伝統を通じて、みずからの固有の文化を守り抜いた。人びとは、みずからの信仰、みずからの土地に忠実であり、フランス化を拒否し続けた。「ミームを守れ、ミームは汝を守るであろう[1]」。アルジェリアの歴史のなかで何百回となく、ムスリムはこの格言を繰り返し、また、一八四一年にハシャム族がビュジョーに言った次の言葉をしばしば口にした。「この土地はアラブ人の国だ。あなたたちは通りがかりの客人でしかない。たとえトルコ人のように三〇〇年とどまるにしても、出て行かねばならないだろう」。

（1）ミームとは、アラビア語で『否定』を示す単語「マー」の最初の文字で、ここでは拒否、否定を意味する〔訳註〕。

第五部　独立後のアルジェリア

独立戦争を主導したFLNは、内部に路線対立の火種をかかえていたが、フランスという共通の敵がいる間は決裂することもなく、独立国家アルジェリアが誕生した。しかし、フランスで囚われの身にあったアフマド・ベン・ベラと彼の同志たちが解放された直後、FLNはその短い歴史で最大の内部危機に直面し、新生アルジェリアも危うく内戦になりかねない状況におちいった。妥協を許さないベン・ベラは、集団指導体制に反対し、革命家としてGPRA（アルジェリア共和国臨時政府）の思想的日和見主義を受け入れようとしなかった。一九六二年六月、リビアのトリポリで開催されたアルジェリア革命全国評議会（CNRA）会議において、ベン・ベラは演説を行ない、政府首脳陣を攻撃、少数派に追い込んだ。そこで、GPRA代表ベン・ヘッダは会議を放棄し、みずから政府を樹立するためにアルジェに向かった。ベン・ヘッダの考えでは、政府は国民主権の受託者として統治を担当し、しかるべき後に、定期的に選出される議員にその政治的権限を引き渡すとしていた。この構想は、自分たちの革命理論を押しつけようとするFLN幹部大多数の意志に反していた。トリポリで練り上げられたFLN新綱領によれば、「民主主義的人民革命」は、アルジェリアの封建制とブルジョワ階級——この二つのイデオロギーは新植民地主義の温床となる——を排除しつつ、農民、労働者、革命的知識人によって指導されなければならない。アルジェリアは、社会主義の上に樹立され、反「帝国主義」闘争へと向かう人民民主主義国家にならなければならない。

一九六二年六月三十日、ベン・ヘッダのGPRAがブーメディエン大佐を解任したことで、一気に対立が表面化した。大佐は、解放軍のリーダーとして、一九五八年以降、モロッコおよびチュニジアに亡命していたALN軍を掌握していた。内部闘争に備えていたブーメディエンは、二日前の六月二十八日、チュニジアにいた兵士二万一〇〇〇とモロッコにいた兵士一万五〇〇〇にアルジェリアに戻るよう指示していた。これが、権力闘争における強力な援軍となった。ベン・ベラは、ただちにブーメディエン支持を表明、アルジェリア西部方面の参謀部――最強のブーメディエン派軍隊――と連帯し、アルジェのGPRAに対抗して、トレムセンに「アルジェリアの運命を引き受ける」政治局(ビュロ・ポリティク)を設立した。一方、ベン・ヘッダは、アルジェで熱狂的な歓迎を受けたが、トレムセンの政治局設立に敵対できず、政治局と交渉に入った。その結果、FLN指導者のうち、どちらの側にもつかない人びとは、カビール地方のティズィ・ウズに、第三の非妥協的グループ(ベルカーシム・カリーム、ブーディヤーフら)を結成した。このグループは、「アルジェリア人民に、反ALNクーデタを訴えた」。しかしながら、妥協点をもとめての折衝は、拡大した政治局に有利に働いた。これは、事実上のベン・ベラ派の勝利であり(八月二日)、かくしてGPRAは消滅した。

明確な指導者を欠いた無政府的状態が支配していたこの時期、暴力による粛正や誘拐事件が頻発した。ハルキ(独立戦争中フランス軍に加わったアルジェリア人兵士)と親フランスの立場をとったムスリムのうち、処刑された者は数千人におよび、ヨーロッパ人の行方不明者は一八三五人、遺体で発見された者は三一〇人にのぼった。こうした混乱は、住民のあらたな国外脱出を誘発し、そのためベン・ヘッダが率いる臨時政府の経済と行政が麻痺した。

ベン・ベラ派の新政治局が、政治局自身によって選出された一九六名の候補者を公認し、国会議員選挙の準備を進めている間に、またしても内部対立が勃発した。対立は、ベン・ベラ派と反ベン・ベラ派の間に、市民と軍人の間に、さらにウィラーヤ（各戦区）の軍団間に広がり、新展開をみせた。ベン・ベラ派と反ベン・ベラ派の対立は、アルジェ市内での銃撃戦を引き起こした。さらにブーメディエンが編成した国家人民軍とウィラーヤ四区（アルジェ戦区）部隊の衝突は、アルジェ南方のブガーリやオマール、アルジェとオランの中間に位置するオルレアンヴィルなどの諸都市で武力衝突にまで発展した。この殿様遊びに唖然とした民衆は、「もうたくさんだ！（バラカ）」「戦争は七年間でうんざりだ！」と叫びつつ、抗議デモをはじめた。革命の英雄の一人で、ベン・ベラとともにフランスで捕虜生活を送ったムハンマド・ハイダルがウィラーヤ間の争いを終結させ（九月七日）、これをもって両派の対立も終った。アルジェは武装解除され、それと同時にブーメディエン軍は九月十日、アルジェ市内に進軍した。こうして、ベン・ベラの勝利は決定的なものになった。

九月二十五日、憲法制定国民議会は、『アルジェリア民主人民共和国』République algérienne démocratique et populaire の誕生を宣言した。ついで、一五九票対一票でベン・ベラ政府を信任した。最後のGPRAメンバーは、一人も内閣に入らなかった。その代わりに、ブーメディエン大佐を含む軍人五名が要職を占めた。政府は社会主義革命、農地改革、行政担当者のアルジェリア人化（外国人からアルジェリア人への交替）をただちに実現するという意志を表明した。

アルジェリア革命は、エジプトのナセル主義を土台とするアラブ・ナショナリズムから最も強い影響を受け、公式にはマルクス主義および共産主義体制を斥けている。それにもかかわらず、この革命——いくつかの独自性を持ってはいたが——は、共産主義革命の方式を選び、民主社会主義革命を拒否した。トリポリ会議では明確にされなかった一党制という概念が、徐々に支配的になった。アルジェリア共産党、社会主義革命党、さらに政治目的をもつすべての組織が禁止された。FLNは、「唯一の前衛政党」になった。とはいえ、この党はけっして古い政党ではなく、一九六二年夏の危機の最中に誕生したばかりであったことを考えなくてはならない。一九六三年の初めに開催予定だったFLN党大会が、翌年の四月になってやっと招集されたことが、この事情をよく物語っている。党としては未整備であり、再組織する必要があったからである。書記局長職は、一九六三年四月までハイダルに任せられていたが、その後、ベン・ベラに移った。党から独立したままでいることを望む労働組合を、党に従属させることは、なによりも困難であった。しかしながら、UGTA（アルジェリア労働者総同盟）は、第一回大会の後、「FLNの保護下にある、国家組織の一つ」になり、CISL（国際自由労働組合連合）からの脱退を余儀なくされた。まもなく、憲法制定国民議会は、その役割が小さくなっていくのを知った。憲法それ自体が、議会を無視して検討された。これに異を唱えて、議会を政府統制の手段にしようと考えていた人びと、たとえばファラハート・アッバースやカリーム・ベルカーシムは辞職した。大統領への権限集中と革命志向のこの憲法は、一九六三年九月八日、国民投票によって承認された（賛成五一六万六一八五票、反対一〇万五〇四七票）。ついで、ベン・ベラが、五八六万五一〇三票の支持を得て、共和国大統領に選出された。

アルジェリア社会主義は、一九六三年、何よりもまず農民革命にとり組んだ。農民出身のベン・ベラは、農村のほうに視線を向け、労働者や都会人の権利一点張りの態度を信用しなかった。他方、F・ファノンのような理論家たちの影響を受けたFLNは、植民地支配を受けた人びとの革命はすべて農村からはじまるとする神話を作り上げた。とりわけ重要なことは、革命アルジェリアが、植民地時代に開拓の進んだ土地を自由に処分できる権利を得たことである。コロンの国外脱出で放棄された土地は「無主地」と宣言され、元農業労働者たちから成る管理委員会に委ねられた。残りのコロンも、結局は、なかば強制的に退去させられ、その土地は同様に「無主地」とされた。その他の土地、とくに資本主義的開発による大規模所有地は、軍事力によって占領され、国有化された。一九六三年十月一日までに、フランス人が所有していた土地はすべて国有化された。

このように、経済の社会主義部門は、かつての植民者の土地や財産を、大規模な自主管理農場として再編成することから生まれた。しかしながら、同時に農地改革庁（ＯＮＲＡ）が設立され、その役所主導の厳しい国家管理が地方委員会の自治を認めなかったので、自主管理農場は活力を失っていった。一九六六年、社会主義部門の赤字額が一〇億アルジェリア・ディーナール（ＤＡ）に達していることが判明し、農地改革庁は解体した。

農村自主管理は、一九六五年の時点で、二三〇万二二八〇ヘクタールに拡大し、あらゆる近代的農業を取り入れていたが、一九六八年までに、農業人口一三〇万人のうち、一一万五〇〇〇人の常勤農業労働者を雇用していたにすぎなかった。とはいえ、管理委員会（二三〇〇人の委員は、一九六九年には一六五〇人に減少した）は、農業総生産の六〇パーセントを生産していた。

商工業部門では、フランスの会社の所有であったいくつかの重要な工場も含めて、すべての「無主」企業が、自主管理委員会に委ねられた。アルジェリア人の企業とその企業の所有地も、一部は同様に共同組合管理の下に置かれた。しかしながら、その数は少なく、工業部門の自主管理企業で働く労働者は、一万人に満たなかった。貿易については、その大半をＯＮＡＣＯ（アルジェリア商取引管理局）が独占していた。

経営や技術の専門家が数えるほどしかいない国において、このような急激な社会主義化がもたらしたものは、まず失望と財政難であった。農村自主管理部門は、長期にわたり利用できる貸付金の大部分を使ったが、赤字に苦しんだ。この間、農業生産は、需要が増大したにもかかわらず、停滞したままであった。穀物生産は年平均一六〇〇～一七〇〇万キンタル止まりであるのに対し、需要量は二四〇〇～二五〇〇万キンタルに上昇、他方、人口は年三パーセントの割合で増加した（人口は、一九六六年に一二〇〇万人、一九八一年には一九八〇万人になった)。

社会状況は、よりいっそう不安であった。一九六三年、アルジェリアには失業者が二〇〇万、最低収入での生活を強いられた人びとが二六〇万人いた。この数字をみれば、「外国の挑発」などと理屈をつけるまでもなく、この時代のさまざまな問題――とくにコンスタンティーヌ地方の農民暴動、強盗の増加、都市失業者の散発的であるが継続して起こるデモ――が、貧困から生じたことは明らかである。

一九六二年末ベン・ベラ政府は、不名誉な妥協と考えられていたフランスとの経済文化協力協定を受け入れる決定をした。これで、二年間で二六八〇億旧フランの援助とアルジェリア経済を助成する一連の決定がなされた。たとえば、進行中の工事の遂行、技術者および青年協力隊員の派遣(フランス人青年はアルジェリアで教師として働くことで、兵役を免除された)、アルジェリア・ワインの輸入など。さらに、アルジェリア人のフランスへの移住が優遇された。その結果、在仏アルジェリア人の数は、独立直後の約五一万人(賃金総額は一七〇〇億フラン)から、一九七五年には八八万四三二〇人に、一九八一年には約一〇〇万人に達した。

一九六三〜一九七〇年におけるフランス＝アルジェリア協力関係は、きわめて重要であったにもかかわらず、長い間、アルジェリアでは仕方ないものと受けとられていた。一方、「まったく無駄な贈り物」に不満を募らせていた一部フランス世論にとって、一九七一年のアルジェリアによるフランス石油会社の国有化は、わが意をえた思いであった。「フランスにとって高くつき、アルジェリアに有利な協力は、第五共和制の失敗であった」。

フランスに依存し過ぎと判断された経済関係(一九六四年、アルジェリアからフランスへの輸出は三〇億ディーナール、フランスからの輸入は二四億ディーナール)を是正するため、アルジェリアはまず社会主義国と、ついで資本主義国との経済関係を進展させようとした。ソ連は貸付と技術援助を提供したが、アルジェリアとの商取引はわずかであった。その後、アルジェリアはヨーロッパ経済共同体諸国との貿易が中心になり、一九八〇年ごろには、これらの諸国との取引が総額の約七〇パーセント――その二分の一は対フランス貿易――を占めるようになった。社会主義国との貿易の割合は五パーセント以下、一方、合衆国および他のアメリカ大陸の国々との貿易はおよそ一〇パーセントにまで上昇した。フランスは、一九七〇年まではアルジェリアの最大の貿易相手国であったが、一九七一年のフランス系石油会社の国有化問題以後、その役割は縮小していった。代わって、イタリアや日本のような新しい取引相手が出現し、また合衆国や西ドイツといった国との関係が強化された。

石油と天然ガスの開発は、独立とともにアルジェリア経済の主要な切り札になり、その後、ますますその経済的重要性を増している。一九七〇年まで、アルジェリア政府は、さまざまな外国石油会社と共同で開発を進めた。すでに一九六七年には、石油資源による収入は、ブドウ酒輸出あるいはフランスで働くアルジェリア人からの送金に匹敵した。一九七一年の国有化以前に、石油の生産および販売による収入は、国家予算の平均二二パーセントに達していた。

独立当初から、アルジェリアはアラブ、イスラームの国であることが主張されてきた。農業革命と工業革命に続いて、一九七一年から文化革命――アラブ化とイスラーム化が二つの柱――のスローガンが、政府によって唱えらえるようになった。「アルジェリア革命の究極の目的は、植民地主義によって人格を喪失させられたアルジェリアの再アラブ化である。それゆえ、アラブ化なしに社会主義建設は不可能である」と公式に主張された。このアラブ化は、教育制度のなかで段階的に進められた。まず、小学校一、二年生のすべての授業をアラビア語で行ない、それを次第に中等教育、高等教育へと移行させていった。アラビア語とフランス語の二言語主義は、「状況が生み出した現象」でしかないとし、フランス語圏の一員としてフランス語の普及拡大の運動に関わることを常に拒否し、あらゆる手段を用いてアラビア語の使用を拡大した。しかし、アラビア語の書き言葉は、古典であれ現代語であれ、アルジェリア人にとって外国語でしかなく、このアラブ化政策は困難な仕事であった。公式言語としてアラビア語使用が広がっていったにもかかわらず、二言語主義は厳然として存在した。アラビア語日刊紙は、発行部数でも読者数でもフランス語のそれにおよばない。さらに皮肉なことに、教育の民主化で、フランス語人口が増加した。この二言語主義は、障碍であるどころか、むしろアルジェリアにとって有利であろう。

一九六二年十月八日、国連の承認を受けたアルジェリア民主人民共和国が打ち出した外交政策は、基本的にはその地理的な位置に立脚しながらも、イデオロギーをとくに強調している。「アルジェリアは、アラブ・マグリブ、アラブ世界、そしてアフリカの必要欠くべからざる一部である」（憲法第二条）との規定に従って、アルジェリアは、積極的中立外交と非同盟の政策をとるようになった。

アルジェリアがアフリカの一部であるという意志は、アンゴラ解放闘争の支援や、南アフリカのアパルトヘイト政策への反対の姿勢によって示されてきた。また、一九六三年、アルジェリアがアフリカ統一機構の創設とともに加盟し、その憲章に忠実であろうとする姿勢は、ブラック・アフリカの指導者たちの間で信望を高めた。しかし、その後、ブラック・アフリカの指導者たちは、アフリカにおける多くのクーデタ事件にアルジェリアが関与しているのではないかと、恐れを抱くようになった。他方、ベン・ベラが公式に、あるいはくだけた言葉で表明したアラブ主義――「私たちはアラブだ、アラブ人だ」――は、多様な交流や公式訪問（たとえばエジプトのナセル大統領のアルジェ訪問）によって強化された。アルジェリア民族解放軍に代わって組織されたアルジェリア人民軍に対するエジプトの軍事援助は恒常的になり、アルジェリアが隣国と対立するような危機に直面した時には、その援助が増強された。

一九五八年にタンジェで構想されたアラブ・マグリブ統一は、統一の夢とはうらはらに、数々の外交的、軍事的衝突によって遠のいてしまったといえよう。[1]一九六三年一月、チュニジア大統領ブルギバは、クーデタ計画の首謀者であるチュニジア人たちをアルジェリアが保護したことに抗議して、チュニジア大使を召還してしまった。

（1）一九八九年二月にようやくアラブ・マグリブ連合が結成された。加盟国は、モロッコ、アルジェリア、チュニジア、リビア、モーリタニアの五か国である〔訳註〕。

一九六三年十月、アルジェとラバトの間で、より重大な紛争が発生した。西サハラのアルジェリア＝モロッコ国境は、フランスがモロッコの主張を譲歩させて定められていたが、独立戦争中の一九六〇年、ムハンマド五世とGPRAの間であらたに協定が結ばれた。以来、モロッコはこの協定に沿う国境の修正を期待していた。ところが、ウジュダで交渉中に、国境で戦闘がはじまった。十月八日、アルジェリア軍がいくつかの軍事拠点を占拠したが、十四日にはモロッコ軍がこれを奪回した。アルジェリア政府は、元ジュヌード（ALNの兵士たち）総動員令を出し、モロッコのハサン二世を「傀儡王、犯罪者」として公然と非難した。この時は、エチオピア君主の調停でバマコ会議が開かれ、現状を基本とする停戦が受諾された。[1]

（1）しかしながら、停戦は一時的なものであった。一九七〇年五月、モロッコがティンドゥーフおよびベシャールのアルジェリア領有を認め、ティンドゥーフ周辺の鉄鉱山を共同開発することで国境問題は解決したはずであった。ところが、一九七五年にはじまった西サハラ紛争で、アルジェリアがポリサリオ戦線を支持したことから、アルジェリアとモロッコはふたたび衝突、西サハラ領内での戦争が収まった一九九〇年以降も、両国の関係はぎくしゃくしたままである〔訳註〕。

モロッコとの国境紛争は、アルジェリア人に愛国心を高揚させた点で政府にとって好都合であった。また、分離主義的運動をはじめていたアイト・アフマドの動きを牽制することにもなった。アイト・アフマドは、ティズィ・ウズのいわゆる第三グループ派に加わり、一九六三年にはカビール地方のベルベル人勢力を率いてFFS（社会主義諸勢力戦線）を結成していた。

一九六四年四月のFLN党大会において、ベン・ベラのレーニン主義派が勝利し、イデオロギーで敵対する者を名指しで非難した。敵対者と名指しされたのは、蒙昧主義者と呼ばれたウラマー、行政ブルジョワジーと非難された新しい国家官僚、唯一組織された国家戦力である人民軍の三グループである。この宣戦布告は、当然のことながら対立グループの反発を招いた。ベン・ベラは、この危機を切り抜けるために、軍隊とマルクス主義者たちに相ついで信頼の保証を与えておきながら、国外に救援を要請した。しかし反対派の勢力は増大していった。反対派は、ベン・ベラはみずからの世界革命戦略のために、アルジェリアの利益を犠牲にし、また現実を無視した観念論的な社会主義によって、国家を経済破綻と外国依存へと導こうとしているとして糾弾した。軍がカビール地方のFFS勢力を征圧するや否や、国防相ブーメディエンは行動にでた。一九六五年六月十九日、アルジェで開催予定の第二回アジア＝アフリカ会議——この会議はベン・ベラを第三世界の英雄にするはずだった——の直前、ベン・ベラが逮捕された。ベン・ベラの同志たちに抵抗運動を組織する力はなかった。そのうち数名が投獄され、一方、ベン・ベラ時代の政治犯一五〇〇人が釈放された。

軍部に支えられたフワーリー・ブーメディエン政府は、ベン・ベラの革命的理想主義を放棄し、国家の秩序回復と近代経済の導入の意志を明らかにした。実際に、一三年間のブーメディエン体制は、実務的で有能なことを実証してみせた。

政治的には、新体制は多くの内政危機——そのなかには、一九六七年から六八年にかけてのクーデタ未遂事件があった——を乗り越え、中央集権国家の建設に成功した。一九六七年の市町村改革、そして一九六九年の県（ウィラーヤ）改革によって、新しい地方行政制度が確立した。それにより、代議員制度が整い、市町村レベルでは人民市町村議会が、県レベルでは人民県議会が創設された。ただし両議会とも議員はFLNが提出した名簿から選出された。一九七六年、国民憲章 Charte Nationale の草案が発表され、討議を重ね世論に意見を求めて修正された後に、最終案が国民投票によって可決、承認された。憲章は、社会主義国家建設の基本と理想を明示している。

財政的には、ほぼ均衡のとれた予算のおかげで、独立は保障された。経常予算は黒字になり、基本的には外国借款に頼っていたとはいえ、国家のインフラ設備投資に資金調達ができた。しかし、第一次四か年計画（一九七〇～一九七三年）の資金調達のために、政府は一九七一年初め、石油・天然ガスの国有化を決定し、これがフランスとの関係を悪化させた。

経済面における成果は、国内総生産の急上昇が示す通り、異論の余地はない。工業化がこの発展の原動力であった。石油・天然ガスの利益、さらには巨額投資と外国援助のおかげで、巨大な国営工業部門が誕生した。大規模な近代産業コンビナートが、スキクダ、アンナバ、アルズウに出現し、さらに他のコンビナート建設が第二次四か年計画（一九七四～一九七七年）に盛り込まれた。アルジェリアには、アンナバのエル・ハジャルに巨大製鉄コンビナート（一九八二年の鋼鉄生産量は一二〇万トン）が操業を開始しただけでなく、スキクダとアルズウに石油精製工場、アンナバとスキクダに肥料工場、スキクダとアルズウに天然ガス液化工場、そしてドゥラア・ベン・ヘッダ（ティズィ・ウズの西方一〇キロメートル）に大規模繊維総合工場が建設された。

急速な進歩はまた、教育および職業訓練の面でも達成された。それにより、管理者や技術指導者を外国人からアルジェリア人に切り替えていくことが徐々に可能になった。一九六三年に初等、中等学校の児童・生徒数は一〇三万九〇〇〇人であったが、一九八〇年には四五〇万人以上に増えた。大学生は、一九六三年には二八〇〇人であったが、一九八一年には約八万人に増加した。植民地期に創設されたカトリック私立学校は、一九七六年までにすべて国家教育制度に統合された。アルジェリアの学校で許される宗教はイスラームだけになった。モスクの数は、一九六二年の独立時、およそ二一〇〇であったが、一九八〇年には五八二九に増えた。

第一次四か年計画（一九七〇～一九七三年）、とくに第二次四か年計画（一九七四～一九七七年）の重要な目的は、アルジェリア経済全体の「自立的発展」のため、工業化プロセスを促進することであった。一九七六年、天然ガスと石油（生産量五〇〇〇万トンに達していた）の価格が四倍に上昇したおかげで、外貨収入が大幅に増加した。さらに一九六六年から一九七三年にかけて、非農業就労者——とくに新重工業部門——が六五パーセント増加し、一一二万人に達した。以後、都市および準都市の成人人口の半数は、常勤の職業に就くようになった。しかしながら、農村では雇用が停滞し、条件の悪い地域では、失業者が増加した。さらに、目標とされた経済発展は、一九七三年のオイルショックによる世界経済の低迷、外国で働くアルジェリア人労働者からの送金の遅れ、石油輸出量の減少によって挫折した。その結果、アルジェリアは、外国負債の増大（輸出額の一六・五パーセントに相当）を余儀なくされた。

一九七二年から一九七五年にかけて、一一四万一〇〇〇ヘクタールに適用された農地改革——いわば農業革命——は、共同組合制度を基盤としていた。その組合は、管理・運営組合、生産組合、個別業務ごとに専門化した組合（出荷、加工、販売など）の三つのタイプからなり、総組合数五二六一、農民の数は九万人——自主管理部門の農民は一七万人——、一組合当たり平均二一七ヘクタールの土地を所有していた。所有者が農民でない土地や不在地主の土地の国有化と、大土地私有の制限は、慎重に行なわれたため、私有地の一〇パーセントが国家管理に移されたにすぎない。したがって、農地改革は多少の反響はあったものの、その受益者たちの間でさえ覚めた受けとり方をされたようである。実際に、農地改革による土地払い下げの権利保持者でさえ、七・七パーセントがその権利を放棄してしまった。七〇〇万農民に関わる国家指導の大改革——しかし、工業化に従属した形で——は、長い時間をかけて行なうべきであった。農業革命は失敗した。一九八四年、農地改革は中止され、四五万ヘクタールの農地が個々の農民に再分配された。

一九七八年十二月二十七日、フワーリー・ブーメディエンが死去、一九七九年二月七日、シャーズィリー・ベンジャディード大統領が選出された。新政府は、一連の経済的、社会的問題に直面した。諸問題は、なによりも急激な人口増加（独立当時とくらべて倍増、約一六〇〇万人）と、都市化（都市人口は一〇年間で二倍になった）や「工業化」（産業優先策）に起因している。住宅事情は、悲劇的としかいいようがない。というのも、一九七九年の最悪の住宅不足状況を、現状維持するだけで、一〇年間に一〇〇万戸の住宅建設を必要としたからである。同じく、給水設備の不足ははなはだしく、大部分の都市で給水制限が行なわれていた。農村離脱者増加に対処するには、農村における生活改善と農業生産性の向上が求められた。

世論が一定の政治的自由化を望んでいたことは確かである。しかしながら、同時に、政治的、社会的緊張が、〈さまざまな社会集団間〉ではっきりと現われるようになった——マルクス主義者、改良主義者、保守主義者の間で、「アラブ化教育」で育った若者とフランス語を話す学生との間で、都市労働者と農村労働者の間で、北部地中海岸都市と恵まれない南部（アルジェリアの主要天然資源は南部にあるにもかかわらず）の間で、アラブ系住民とベルベル系住民の間で。FLNも大統領も、対立が表面化しはじめたこれら集団間の微妙なバランスを保つことが求められた。しかし、単一政党国家の正統性は、イデオロギーよりも、大衆の信頼の上に築かれているだけに、このバランスのとり方はいっそう困難であった。一九八〇年四月のいわゆる「ベルベルの春」事件は、このことをよく示している。カビール地方のベルベル人は、暴力的な抗議行動をもってアラブ化政策の推進に対する不安と憤りを表現したのである。

一九八二年七月五日、国家は控えめに独立二〇周年を祝った。国内市場の再建と経済的自立の達成のため、アルジェリアは、三度、長期経済計画を打ちだし、その過程で工業化は急速に進んだ。工業化に必要な投資に、国家は石油と天然ガス資源の大半を動員した。この転換は、他部門（とくに農業）と社会的インフラ（住宅、輸送、社会文化的設備）の犠牲なしにはできなかった。しかし、生産はしばしば計画水準に到達せず、また機械設備はフル稼働しなかった。経営と生産性の改善が求められ、他方、工業化の犠牲となった部門の振興にも力が注がれるようになった。こうした考えを部分的にとり入れた第三次五か年計画（一九八〇〜八四年）には、とくに「社会の一〇年」という目的が明記され、FLNは「よりよい生活のために」のスローガンを掲げた。しかし、過去二〇年の急激な人口増加は、このような目標の実現をきわめて危うくしている。国家は、遅ればせながら人口抑制策に着手した（しかし西暦二〇〇〇年には人口はふたたび倍増に近い三〇三〇万人になった）。

一九八〇年代になって、アルジェリアは、一方で増大しつづける食糧輸入問題を抱えながら、他方で唯一の外貨獲得資源である石油収入の激減（一九八六年と一九八八年に石油価格が大暴落）という問題に直面した。この長期化する危機に対処するため、国家は農業組織の再編成と価格統制の廃止に踏み切ることによって、農業生産を増大させようとした。この方針に沿って、国家は経済政策の自由化と民間企業の育成を推進し、外国資本の導入を認めた。しかし、アルジェリアは二一〇億ドルという巨額の外国債務をかかえるようになり、その返済は国家財政に重くのしかかった。

結局、国家による対応は遅過ぎた。失業者の増加、極端な物不足、物価の上昇、生活費の増大、賃金の凍結などに憤慨していた国民にとって、対応策は滑稽なほど些細で、無意味に思えた。あらゆる社会階層が、経済と人口問題が不可避の重圧となっている実態を正しく把握しないまま、とにかく変革を望むようになった。人口の大半を占める若年層（アルジェリア人の七五パーセントが二十五歳以下）は、〈正義と平等を説き、権力の腐敗を告発する〉イスラーム原理主義者（イスラミスト）の指導者たちに引きつけられていった。一九八八年十月五日から十二日にかけて、アルジェおよび主要な諸都市を揺るがした自然発生的な暴動がなぜ起きたのか、それは、以上の諸事情によって説明される。暴動は「クスクス暴動」と命名されたように、食糧不足や劣悪な住宅事情という民生問題に起因していたが、同時に自由と民主主義への渇望の表われでもあった。軍隊が鎮圧にのりだし、無駄な血が流れた。死者は二〇〇〜五〇〇人、負傷者は数百人にのぼった。

非合法政治勢力は、暴動は「アルジェリアを経済的、社会的、政治的に失敗に導いた二六年間の一党独裁政治の結果」であるとして、体制を批判した。FLNの主張によれば、暴動の主な原因は、「ここ三年来、アルジェリアから外貨収入の半分を奪った」石油価格の暴落と、必要ではあるが民衆には支持されない緊縮経済政策にあった。いずれにせよ、大衆がFLNという政党を拒絶したことは間違いなかった。シャーズィリー大統領は、政治体制の自由化を約束し、ついで憲法改正に同意することで、国民の信頼を取り戻せると思ったようである。十一月三日、憲法改正案が国民投票によって問われ、九二パーセントの賛成票を得て承認された。この改正の要点は国会権限の強化で、外交と防衛を除いて、大統領の権限は首相に委譲され、首相が人民議会に対して責任を負うことになった。さらに、十二月二十二日の大統領選で、シャーズィリーは得票率八一パーセントをもって、大統領に再選された（任期五年、三期目）。ただし、他に候補者のいない信任投票の形であった――たいていのアラブ諸国における大統領選がそうであるように。しかし、アルジェリア国民はこの程度の民主化ではもはや納得しなかった。政府は、ふたたび憲法改正案を作成し、一九八九年二月、国民投票にかけた。新憲法は七三パーセントの賛成票を得て、承認されたが、これには、独立以来のFLN一党体制を否定する複数政党制の導入が規定されていた。FLNは、こうした体制の本質的改革を伴わない民主化によって、国民の信頼喪失の危機を乗り越えたと思っていた。

しかし、一九九〇年六月の市町村および県議会選挙で、正念場が到来した。一九六二年以来、アルジェリアが経験した初めての自由選挙（一一政党、一三万六〇〇〇名の候補者に開かれた）であった。棄権率が高かった（三五パーセント）にもかかわらず、イスラーム原理主義者たちが圧勝した。一九八九年に急遽組織された政党「イスラーム救済戦線」（ＦＩＳ）は、地方選挙で約六五パーセントの票を獲得し、四八県（ウィラーヤ）のうち四五県で勝利した。この投票結果に政府は驚き、「不満分子の連合」だと決めつけた。ところで、政治プログラムもなく、ただ単に「アルジェリア国民の真正とアイデンティティの保証として」イスラームへの回帰を説く政党に対する、この予想外の熱狂は、社会主義に絶望した人びとの一時的な拒否反応だろうか、あるいはまた一党独裁体制の明確なる断罪を意味するのであろうか。それとも、アラブ世界とヨーロッパ世界の間での選択に悩むアルジェリア人の大多数が、外国のさまざまな物質主義文明を排除し、その代わりに伝統的な道徳規範にのっとった体制、イスラーム法に基づく神権的国家を希求しているということなのであろうか。

一八か月後、一九九一年十二月二十六日の繰り上げ人民議会選挙で、ＦＩＳの勝利とＦＬＮの敗北が確実になった。ＦＩＳの得票率四七・二パーセントに対し、ＦＬＮは一二・一パーセントしか獲得できなかった。シャーズィリー大統領は、ＦＩＳに政権を渡す考えであったが、一九九二年一月十一日、軍に辞任を強要された。一月四日にすでに人民議会が解散されており、議会も大統領も不在という異常事態におちいった。憲法に基づいた国家機関である国家安全保障最高評議会（ＨＣＳ）が、選挙継続中止を決定し、さらに大統領不在中の国政機関として、五名からなる国家高等委員会（ＨＣＥ）を設立した。委員長を務めたのは、一九五四年十一月一日の蜂起を決行した〈九人の歴史的英雄〉の一人、三〇年間亡命生活を送っていたムハンマド・ブーディヤーフであった。ところが、一九九二年六月、ブーディヤーフはアンナバでの演説中に——おそらくボディーガードによって——暗殺された。

政情は日に日に悪化し、都市テロリズムが出現するに至って、国家高等委員会は非常事態を宣言し、治安部隊の権限を強化して、一九九二年三月、FISの解散を命令した。二〇〇二年になってもいまだ終わらない内戦――多少は落ち着きを取り戻しつつあるが――は、この時はじまったのである。当初、FISのイスラーム原理主義者とアルジェリア政府との対立、また一九九二年に組織されたFISの軍隊であるAIS（イスラーム救済軍）と政府軍の対立であった。他方、GIA（武装イスラーム集団）と呼ばれる徒党がテロ活動をはじめた。GIAは、複数の小集団から成っていたが、全体として組織系統が確立されていたわけではなく、活動家たちは小集団の長（アミール）の指揮下に離合集散を繰り返している。AISは、一時期、国土の大部分を支配したようにみえたが、その後、戦闘員は四〇〇〇人程度にまで減少し、一九九七年九月には、FIS執行部の命令で戦闘を停止した。GIAは、数千人のゲリラ隊員と地下活動家（合計六〇〇〇〜八〇〇〇人）を結集したにすぎなかったが、政府側（六万の警察官と憲兵隊、二〇万の市町村防衛隊と自警団）を苦境に追い込んだ。イスラーム原理主義者の暴力は、都市部でのテロ（車に爆弾装置の仕掛け、市場での爆破、要人の暗殺）、道路通行止めを装っての旅行者の身柄拘束と殺害、村人の虐殺となって表面化した。GIAのテロ活動は歯止めがかからなくなり、女性、老人、子供の喉をかき切り、少女たちを誘拐し、あらゆる国籍の外国人を殺害するようになった。一九九四年、AISは、「アルジェリア人イスラミストを強制退去させようとするフランスに対する戦闘は、ムスリムの法的義務になった」と主張していたが、GIAが最初に行動にでた。一九九五年夏、パリで起きたテロ行為がそれである（死者八名、負傷者一二六名）。イスラーム原理主義者たちは、宗教法に従って、ターギヤ（圧政者）を相手に、ジハード（聖戦）を行なうと宣言した。スローガンとして掲げられた「対話も、和解も、そして休戦も断固拒否」は、彼らがイスラーム法によって不退転の覚悟を決めたことを説明している。GIAは、さらに巧妙にも、仲間が不法逮捕されたり裁判もされずに処刑されたりしているとして、アルジェリア軍の暴力行為を糾弾し、また、GIAの兵士たち（ムジャーヒドゥーン）弾圧のための費用を、国の商工業財産をたたき売って作り出しているとしてアルジェリア政府を非難した。この内戦の犠牲者数は正確にはわからない。FISは、一九九五年末に、七万人の死者がでたと発表した。一方、アルジェリア政府首相は、一九九八年一月二十一日、「六年間に及ぶテロの犠牲者は、死者二万六五三六人、負傷者二万一一三七人」と発表している。武装イスラミストたちが虐殺の犯行声明を出すのは、ごく一部にすぎないため、FISの指導者たちは、あえて問いかけをした――誰が、誰を殺しているのか？……と。報道機関は、意見キャンペーンを張り、「犠牲者一〇万人」の主な責任は、アルジェリア軍と自警団にあると主張した。

イスラーム原理主義者たちは、国連調査団の派遣を要請し、戦闘の国際的支持を得ようとした。アルジェリア当局は、外国のあらゆる干渉、とりわけ一部のNGO機関の調査に反対していたが、一九九八年に二つのミッションを受け入れた。二月、EU議会代表団が、記者一〇〇名を連れてアルジェリアを訪問し、首相、外相、報道関係者と会談した。アルジェリアの新聞は、このミッション受け入れは、アルジェリアの現実を知ってもらうために有意義であったと、肯定的に評価した。七月、国連の報道使節団が訪問し、九月、「国際社会はアルジェリア政府の反テロリズム闘争を支援しよう」と呼びかける使節団の最終報告が発表された。イスラーム原理主義者たちは、国際世論では敗北したと悟ったにちがいない。一方、イスラーム原理主義者との武力闘争ではほぼ勝利を確信したアルジェリア軍は、政治舞台から身を引き、野党や報道が要求している民主化への道を開くことが望ましいと考えていたようである。リヤミーン・ゼルワール将軍は、一九九五年十一月に六一パーセントの得票率で大統領に選出されたにもかかわらず、アルジェリア国民を説得するため、みずからの任期を短縮して、大統領選挙を行なう決心をした。こうして一九九九年四月、民族主義者、イスラミスト、民主主義者など、さまざまな政治思想の候補者に大統領への道が開かれることになった。新大統領にとっては、大多数のアルジェリア人が願っている治安を確立するのが最大の役目であろう。[1]

(1) しかし、一九九九年四月十五日に予定された大統領選は、七名立候補したにもかかわらず、投票日の前日になって、ブーテフリカを除く六名が立候補の取り下げを発表するという異例の事態になった。投票はそのまま行なわれ、ブーテフリカが大統領に当選した。真相はわからないが、体制側による民主化の茶番劇と言われても仕方ないであろう。さらに、二〇〇二年になってもテロは止むことなく、政治と社会の安定への道は平坦ではない〔訳註〕。

内戦は、当然のことながら、経済的、社会的状況を悪化させた。貨幣価値の下落を招いたのみならず、工場や事務所の破壊によって生産が減少し、失業が増大（失業者は一三〇万人から二三〇万人へと増加、その七〇パーセントは若者たち）、すべての社会階層の生活水準が低下した。政治、経済、社会の危機はとどまるところを知らず、数十万のアルジェリア人（二五万から四〇万人の間と言われるが、正確な数は不明）が祖国を離れた。そのなかには指導的な立場の技術者や知識人が多数含まれていた。アルジェリアの人口（一九九五年に二七七九万四〇〇〇人、二〇〇五年には三六〇〇万人と予測）は、国家資源に対してきわめて不均衡になっている。農民一人当たりの耕地面積は減少する一方で（一九六二年に住民一人当たり〇・六二ヘクタール、一九九二年一人当たり〇・三〇ヘクタール）、国家収入の九五パーセントは石油に頼っており、そのため石油・天然ガスの世界市場価格の変動に翻弄されている。

略称一覧

AIS（Armée Islamique du Salut）イスラーム救済軍
ALN（Armée de Libération Nationale）民族解放軍
CCE（Comité de Coordination et d'Exécution）調整・執行委員会
CFLN（Comité Français de Libération Nationale）国民解放フランス委員会
CISL（Confédération Internationale des Syndicats Libres）国際自由労働組合連合
CNRA（Conseil National de la Révolution Algérienne）アルジェリア革命全国評議会
CRUA（Comité Révolutionnaire d'Unité et d'Action）統一と行動の革命委員会
FFS（Front des Forces Socialistes）社会主義諸勢力戦線
FIS（Front Islamique du Salut）イスラーム救済戦線
FLN（Front de Libération Nationale）民族解放戦線
FNA（Front National Français）フランス国民戦線
GIA（Groupes Islamiques Armés）武装イスラーム集団
GMPR（Groupes Mobiles de Police Rurale）農村機動警備隊
GPRA（Gouvernement Provisoire de la République Algérienne）アルジェリア共和国臨時政府
HCE（Haut Comité d'État）国家高等委員会

HCS（Haut Conseil de Sécurité）国家安全保障最高評議会
MNA（Mouvement National Algérien）アルジェリア民族運動
MTLD（Mouvement pour le Triomphe des Libertés Démocratiques）民主的自由の勝利のための運動
OAS（Organisation de l'Armée Secrète）秘密武装組織
ONACO（Office National Algérien de Commercialisation）アルジェリア商取引管理局
ONRA（Office National de la Réforme Agraire）農地改革庁
OPA（Organisation Politico-Administrative）政治行政機構
OS（Ouvriers Spécialisés）単純作業労働者
OS（Organisation Spéciale/Organisation Secrète）特別組織（あるいは秘密組織）
PCA（Parti Communiste Français）アルジェリア共産党
PPA（Parti du Peuple Algérien）アルジェリア人民党
SAP（Sociétés Agricoles de Prévoyance）農業融資組合
SAR（Secteurs d'Amélioration Rurale）農業改善局
SAS（Sections Administratives Spécialisées）特殊行政局
SFIO（Section Française de l'Internationale Ouvrière）国際労働者同盟フランス支部（フランス社会党）
SIP（Sociétés Indigènes de Prévoyance）原住民融資組合
UDMA（Union Démocratique du Manifeste Algérien）アルジェリア宣言民主同盟
UGEMA（Union Générale des Étudiants Musulmans Algériens）アルジェリア・ムスリム学生総同盟
UGTA（Union Générale des Travailleurs Alégriens）アルジェリア労働者総同盟

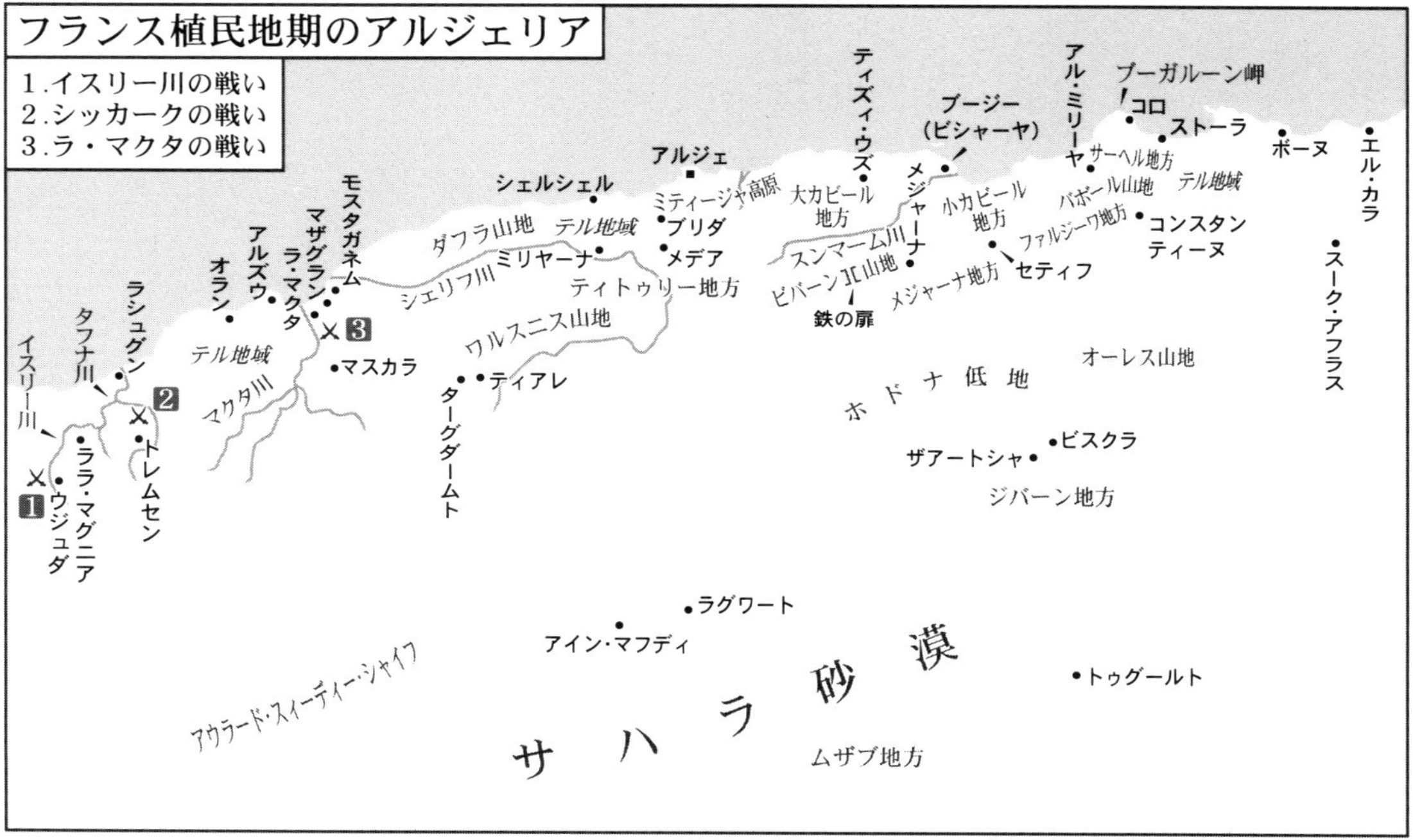
フランス植民地期のアルジェリア
1.イスリー川の戦い
2.シッカークの戦い
3.ラ・マクタの戦い
イスリー川
ウジュダ
ララ・マグニア
タフナ川
ラシュグン
トレムセン
テル地域
マクタ川
オラン
アルズウ
ラ・マクタ
マザグラン
モスタガネム
マスカラ
ダフラ山地
シェリフ川
シェルシェル
ミリヤーナ
テル地域
ワルスニス山地
ティアレ
タークダームト
ティトゥリー地方
アルジェ
ミティージャ高原
ブリダ
メデア
大カビール地方
ティズィ・ウズ
スンマーム川
ビバーン山地
鉄の扉
メジャーナ
メジャーナ地方
ブージー（ビシャーヤ）
小カビール地方
セティフ
ファルジーワ地方
アル・ミリーヤ
サーヘル地方
バボール山地
コロ
ブーガルーン岬
ストーラ
テル地域
コンスタンティーヌ
ボーヌ
エル・カラ
スーク・アフラス
オーレス山地
ホドナ低地
ビスクラ
ザアートシャ
ジバーン地方
ラグワート
アイン・マフディ
アウラード・スィーディー・シャイフ
サハラ砂漠
トゥグールト
ムザブ地方

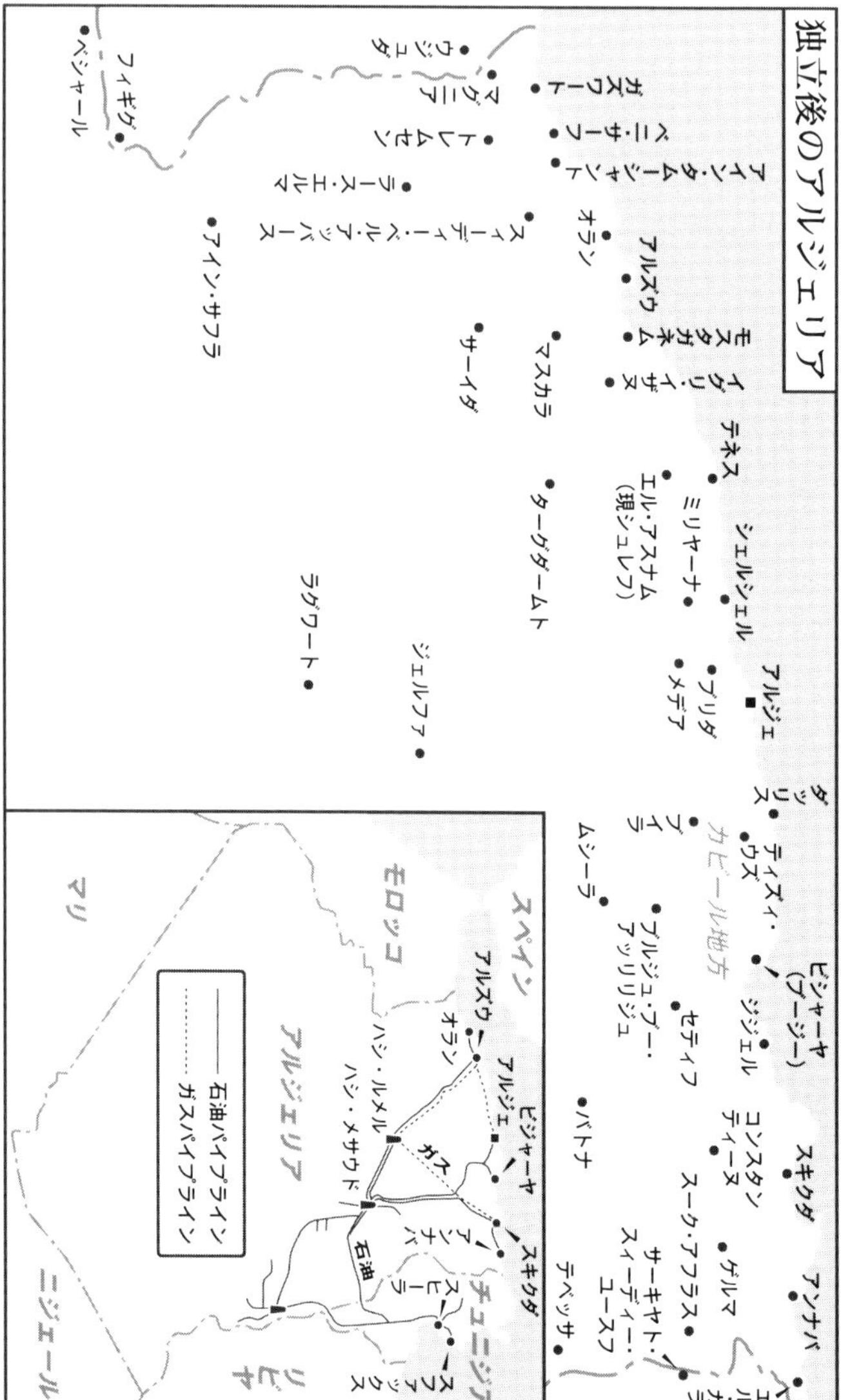
独立後のアルジェリア
アルジェ
エル・カラ
アンナバ
スキクダ
コンスタンティーヌ
ゲルマ
スーク・アフラス
サーキヤト・スィーディー・ユースフ
テベッサ
バトナ
ビジャーヤ（ブージー）
ジジェル
セティフ
ブルジュ・ブー・アッリリジュ
ムシーラ
ブイラ
ティズィ・ウズ
ダッリス
カビール地方
ブリダ
メデア
シェルシェル
ミリヤーナ
エル・アスナム（現シュレフ）
テネス
イグリザヌ
モスタガネム
アルズウ
オラン
アイン・タムーシャント
ベニ・サーフ
ガズワート
マグニア
ウジダ
トレムセン
ラース・エル・マ
スィーディ・ベル・アッバース
サーイダ
マスカラ
ターグダームト
ジェルファ
ラグワート
アイン・サフラ
フィギグ
ベシャール
スペイン
モロッコ
アルジェリア
チュニジア
リビア
マリ
ニジェール
ビジャーヤ
スキクダ
アンナバ
スファックス
スヒーラ
ハシ・ルメル
ハシ・メサウド
ガス
石油
石油パイプライン
ガスパイプライン

訳者あとがき

本書は Charles-Robert Ageron, *Histoire de l'Algérie contemporaine*, 11e édition (Coll.«Que sais-je?» n°400, P.U.F., Paris, 1999) の翻訳である。

初版の刊行が一九六四年なので、三八年間で一一版を重ねていることになるわけだが、まずは、その一九六四年が、フランスとアルジェリアの関係にとってどのような時であったのかを説明しておく必要があるだろう。なぜならば、そのことが原著の内容にも、また、本翻訳書の内容と翻訳の方法にも深く関わっているからである。

本書の特徴とアージュロンの歴史研究

一九六二年、一三二年間のアルジェリア植民地支配が終わった。フランスにとってアルジェリアの植民地支配は、その長さはもとより、直轄植民地という点でも、他の領土とは異なる重要な意味があった。一〇〇万人にのぼるコロン（入植者）がアルジェリアで生活し、そのなかの相当数がアルジェリア生まれのフランス人であった。当時のフランス人にとって、アルジェリアはフランス本土の一部と認識されていた。一九五四年から六二年までの独立戦争中、すべてのフランス国民がアルジェリアの行方に注目し、数十万のフランス人がアルジェリアから本国に移住（脱出）してきた。

独立の二年後に出版された本書には、アルジェリアの小さい町や川、さして重要と思えない人物や戦場などが説明なしに記述されている。当時のフランス人にとって、それらはあたりまえの事実であったのである。おそらく、こんにち、若いフランス人が本書を手にしたとき、なじみのない固有名詞にとまどうに違いない。ましてや、日本の読者にとっては、不必要と思えるような細かい記述は理解の妨げになりかねない。しかし、翻訳に際しては、これを削除することはせず、その代わりに原文の趣旨を変えない範囲で、とくに明記することなく、原文にない説明を加えたり、文章を補ったりした。

本書の初版の内容は、ほぼフランス植民地期のアルジェリア史に尽きる。原題「アルジェリア現代史」は、まさにその内容に一致していた。しかし、初版から三八年たった現在では、この内容は「アルジェリア近代史」と呼ぶべきである。本翻訳書の書名を「アルジェリア近現代史」としたのはそのためである。確かに、著者アージュロンは版を重ねるごとに書き足し、一一版では一九九八年までの出来事を記述しているが、独立後の歴史の記述（第五部）は、植民地期のそれとくらべてきわめて簡単なものである。とはいっても、偉大な植民地史家が、独立後のアルジェリアの歩みをどのように見つめているのか、ということを知る上では興味深い章ではある。

著者シャルル＝ロベール・アージュロンは、一九二三年十一月六日、リヨンで生まれた。アルジェのリセ、およびアルジェ大学政治研究所のアグレジェ（教授代理）、ソルボンヌ専任講師、トゥール大学教授、パリ第十二大学特任教授などを歴任した。研究および講義の中心はアルジェリア植民地史であった。またフランス海外史学会の会長や雑誌『フランス海外史』の編集長などもつとめた。高齢のため現在では第一線から退かれているが、訳者の再三にわたる質問に懇切丁寧に説明をしてくださるように、研究への真摯な態度は一貫して変わらない。

博士学位論文は、*Le gouvernement du général Berthezène à Alger* (1831) および *Les Algériens musulmans et la France (1871-1919)* の二つである。著作は、単著が一〇冊、論文は主要なものだけでも三〇点にのぼるが、アージュロンの学問上の金字塔は、学位論文をまとめた *Les Algériens musulmans et la France (1871-1954)*, 2vols. (P.U.F.,1968) と *Histoire de l'Algérie contemporaine* (1871-1954), vol.2, (P.U.F., 1979) の二つに集約されるだろう。後者は、Ch.-A. Julien, *Histoire de l'Algérie contemporaine*, vol.1, *conquête et colonization*, (P.U.F.,1964) とセットの本である。本翻訳の原著はアージュロンの上記二つの大作——とくに後者——の要約といってよいだろう。

本格的なアルジェリア史研究は、一八七四年に創設されたアルジェ大学文学部を中心としたいわゆる「アルジェ学派」の研究者たち（E・Fゴーチェに代表される）によって始められたが、彼らの多くは植民地主義のイデオロギーに支えられていた。アルジェリア民族運動や独立戦争を体験するなかから、この歴史認識を批判し、実証的かつリベラルな立場から新しいアルジェリア史研究を開拓しようとする学者が現われた。その代表が、上述のジュリアンとアージュロンであった。極論していうならば、一九六〇年代にジュリアンとアージュロンの大著が出版されてから、アルジェリア現代史（植民地史）研究の課題は、この二人の研究をいかにして乗り越えるか、ということであった。

アージュロン以降のアルジェリア史研究

独立後、研究者の中心はアルジェリア人に移り、課題の克服もアルジェリア人研究者に課せられることになったが、その本格的始動は一九七〇年代まで待たねばならない。彼らによる研究の特徴は次の諸点に要約される。

①フランス史の枠組みのなかでのアルジェリア史から、北アフリカ・中東イスラーム世界の枠組みのなかでのアルジェリア史という視点への転換。これについては多くの研究者に共通している傾向と

いえよう。

②アルジェリア史研究の方法や歴史認識を再検討しようとする視点。たとえばNacereddine Saidouni, *al-Jaza'ir: Muntalaqat wa afaq*「アルジェリア——事実と展望」、(原文アラビア語：Beirut, 2000)。

③アルジェリア史を古代からの一貫した国史(民族史)として描こうとする視点。たとえばAmmar Bouhouche, *Ta'rikh al-siyasi lil-jaza'iri*「アルジェリア政治史」(原文アラビア語：Beirut,1997)。

④アルジェリア・ナショナリズム運動の研究への関心。たとえばAboul-Kassem Saadallaah, *al-Haraka al-wataniyya al-jaza'iriyya* 1830-1930「アルジェリア民族運動1830-1930」、3 vols.(原文アラビア語：Beirut, 1992)。

⑤アルジェリア地方史への関心。たとえばD. Sari, "*Le démantèlement de la propriété paysanne dans l'Ouarsenis*"「ワルスニス地方の農民土地所有権の解体」、(Revue Historique, No.505,1973)。

⑥マルクス主義的歴史観に基づく研究。この立場の研究は一九六〇年代が中心で、七〇年代以降は衰退した。たとえばアルジェリア人研究者ではないが、Y. Lacoste 他、*L'Algérie, passé et présent*「アルジェリア・過去と現在」、(Paris, 1960)。

⑦アルジェリア人側からの視点によるアルジェリア独立戦争の研究。たとえばBenjamin Stora, *Histoire de l'Algérie coloniale 1830-1954*「アルジェリア植民地史1830-1954」(Paris, 1991)。

これらの研究のうち、②であげたナスラッディーン・サイードゥーニーには新しいアルジェリア史研究を構築しようとする視点はみえるが、充分な説得力をもっているとはいえない。最も注目すべき研究者は⑦であげたベンジャミン・ストーラである。ストーラは自身がコンスタンティーヌのユダヤ系アルジェリア人(国籍はフランス人)の出身であり、その置かれた微妙な立場(アルジェリア人でもなく、完全なフランス人でもない)が、かえってアルジェリア近現代史の複雑な陰影を巧みに描き出させている。彼は、アージュロンの弟子の一人であり、現在パリ第八大学史学科教授で、すでに六冊以上の著作を発表している。独立戦争期が専門であるが、最近では、戦争の深い傷跡が独立後のアルジェリアの政治・社会状況に与える影響を鋭く分析している。たとえば *La gangrène et l'oubli : La mémoire de la guerre d'Algérie*「病根と忘却――アルジェリア戦争の記憶」、(Paris,1998) を参照。

いずれにせよ、これらの研究は、視点の新しさや個別の実証研究として充分に価値は認められるが、ジュリアンとアージュロンの著作は、いまでもまず参照されるべきである。

なお一九七八年十二月のブーメディエン大統領の死は、アルジェリアの政治・経済システムが根本的に変わる転機であった。したがって、アルジェリア史研究も、それ以前に発表されたものと、それ以後に発表されたものとでは、分けて評価する必要があろう。

イスラーム原理主義の台頭の歴史的背景

一九九二年初めから、アルジェリアはイスラーム原理主義勢力と軍・政府との間で衝突が続き、内乱的状況は最近でこそやや鎮静化しつつあるが、いまだテロや弾圧は完全にはおさまっていない。本書では、独立後の歴史はごく簡単にしか扱われていない。しかし、多くの読者は、独立後のアルジェリアで、なぜイスラーム原理主義的（イスラーム主義的）運動が台頭したのか、そしてそれが軍に支えられた体制と衝突し、未曾有の混乱状況に陥った原因は何なのか、という疑問を抱くだろう。

アルジェリアの内乱状況による死者は、一〇万人以上（二〇〇二年五月まで）にのぼるといわれる。それは、軍に支えられた国家とイスラーム（原理）主義勢力との対立であると一般に説明されている。この対立の構図は、衝突の一面を見れば正しいし、またアルジェリアの人口三〇三〇万人（二〇〇〇年）のうち九九・五パーセントがイスラーム教徒なので、当然ながら争いはイスラーム教徒同士になる。しかし、その原因や背景を考えると、対立の構造がより複雑であることがわかる。

内乱状況にはアルジェリアに固有の歴史的背景がかかわっている。フランスのアルジェリア植民地支配（一八三〇～一九六二年）ではフランスへの同化政策が進められ、フランス語とキリスト教による教育が行なわれ、アラビア語とイスラームによる教育は、事実上の禁止もしくは著しい制限を受けた。このような植民地支配下に置かれたアルジェリアでは、ナショナリズム運動の発展が遅れた。また、交渉による独立の希望は失われていった。こうした状況下で共産主義的運動やアラブ民族主義の影響を受けた人びとが民族解放戦線（FLN）を組織し、一九五四年十一月一日に武装蜂起、彼らの指導により七年半の激しい戦いを経てアルジェリアは一九六二年独立を達成した。この歴史体験の背後には、アルジェリア人としてのアイデンティティ形成の未成熟、テロを伴った凄惨な戦いによるトラウマ（精神的傷）、FLNという世俗派支配層の英雄化という問題が隠れている。みずからの歴史・言語・文化・宗教などへの共有意識が深く根を張る前に、アルジェリアは独立を迎えた。非戦闘員も含めて、人びとは、テロという戦闘の極限を体験・記憶した。FLN指導者は独立戦争を勝利に導いた英雄として振舞うことができ、FLNの一党独裁体制への道は必然であった。これら三つの問題が、一九九二年以降の内乱状況の底流にある。

この内乱状況の対立軸は基本的に次の三つからなる。第一は、FLN特権体制と大衆層の対立である。独立後のアルジェリア政治はFLNの一党体制により運営されたが、やがて、その指導者と軍および国有企業の幹部とが特権的な階層を形成、石油と天然ガスの利権を独占するようになった。他方で、経済政策の失敗、石油価格の暴落（一九八六年、八八年）により、失業者の増加と極端な物不足に国民大衆は苦しんだ。大衆の不満は権力の腐敗を糾弾するイスラーム勢力に吸収されていった（後にそれはFISを出現させることになる）。一九八八年十月のいわゆる「クスクス暴動」（死者二〇〇～五〇〇人）、およびその後の民主化要求運動は、このようにして起こったのである。

第二はフランコフォン（フランス語に堪能な富裕層）とアラボフォン（アラビア語教育で育った大衆層）との間の対立である。独立後の国家はアラビア語とイスラームによるアイデンティティ形成を急ぎ、学校教育におけるアラビア語化を推進した。しかし、政治・経済における実務はフランス語で行なわれ、高い地位、恵まれた職に就くにはフランス語を必要とした。アラボフォンは失業や低賃金で苦しみ、その救済にイスラーム系組織がかかわるようになった。こうして、アラボフォン＝大衆層＝イスラーム的価値観の主張と、フランコフォン＝支配層＝世俗主義者の対立という構図が生まれたのである。「イスラーム救済戦線（ＦＩＳ）」の台頭にはこのような背景があった。

第三は、アラブとベルベルの対立である。東部アルジェリアのカビール地方を中心に、アルジェリアには二〇パーセント前後のベルベル系住民が住んでいる。彼らは、イスラーム教徒であるが、ベルベル語とベルベル文化を維持している。アルジェリア人のアイデンティティはアラビア語とイスラームであるので、アラブ化政策はイスラーム化政策と表裏一体にならざるをえない。したがって、ベルベル系住民およびベルベル系政党（社会主義諸勢力戦線ＦＦＳ）は、みずからの言語と文化を抑圧するアラブ化政策に反対し、また政教一致を主張するＦＩＳ（イスラーム救済戦線）などのイスラーム勢力とも敵対することになる。このようにしてアラブとベルベルの対立の構図が生まれる。

一九八八年十月暴動を経て、民主化要求のなかで、一九八九年には複数政党制が認められ、ＦＩＳというイスラーム政党が設立された。同党は、一九九〇年の地方選挙で圧勝し、さらに一九九一年十二月の国政選挙でも勝利、翌九二年にＦＩＳ政権の誕生が確定的になったとき、軍部と旧体制はクーデタ（選挙結果の無効）により、それを阻止した。アルジェリアの内乱はこの時から始まるが、軍・体制はＦＩＳ勢力を逮捕、監禁、処刑という弾圧策、ＦＩＳ側は政府要人テロや施設破壊などで対抗した。一九九三年頃、FISの武装軍事組織AIS（イスラーム救済軍）の中の過激派と都市の失業者やアウトロー青年たち（麻薬を売り、ゆすりやたかりを行なう）がGIA（武装イスラーム集団）というテロ集団を組織した。これにアフガニスタン義勇兵から戻った戦闘員たち（いわゆるアフガン）が加わっていたようである。この頃から、テロは無差別化し、対立は凄惨な状況に陥った。こうした混乱・紛争・敵対の歴史的根っこが、先に述べたフランス植民地期の三つの問題にあることは間違いない。

なお、アルジェリア近現代史に関する日本語の文献としては次の三書が役に立つ。宮治一雄『アフリカ現代史Ⅴ』（山川出版社、一九八九年）、加藤恒男『もうひとつのイスラム革命』（日本貿易振興会、一九八四年）、渡辺伸『アルジェリア危機の10年』（文芸社、二〇〇二年）。

私市正年

＊　＊　＊

アージュロン氏の原書に出会ったのは一九七五年、当時、ブーメディエンを指導者に、アルジェリアは第三世界の騎手として注目を浴びていた。実は、独立後のアルジェリアがかかえる問題を卒論の主題に選んだものの、日本語文献は皆無にひとしく、必死にフランス語を追いかけた思い出の一冊である。心打たれたのは、著者が一貫してアルジェリア人の側にいること、歴史家がこのように心情的な記述をしてよいものかと衝撃を受けた。

一九八〇年代なかば、フランス人であるなしを問わず、アルジェリアにかかわる研究者、学生、企業人の座右の書であると再認識し、翻訳を考えるようになった。一五年前、曲がりなりに訳出はしたが、出版の予定はまったく立たなかった。日本人にとって、アルジェリアは遠い国なのだと思い知らされた。一九九九年、第一一版が刊行されたのを機に、もう一度挑戦することにした。これが幸運に転じた。

今回は、イスラームとマグリブの専門家である私市正年先生に共訳者になっていただき、指導を受けながら、勉強しなおすつもりでとりくんだ。さらに、今年一月、思い切ってアージュロン氏に質問状を送った。いまにして思えば身のほど知らずの軽挙であるが、一〇日後、ていねいな直筆の返書を受け取った。こうして、往復書簡がはじまった。手元には直筆の手紙数通と、日本語版によせてのタイプ原稿がある。原稿は九月上旬にとどき、このときはじめて、氏が七月来病床にあると知った。七月に出した質問状に返事がなかったのを、ヴァカンスなのかと気楽に考え、「まえがき」をお願いしたのである。どの手紙も、《こう書くべきだったかもしれない》、《これで分かるだろうか》とのやさしい心遣いにあふれ、その人柄がしのばれる。いま、氏の手紙はわたしの宝物になった。アージュロン氏の一日も早い回復を祈るとともに、ここに謝意を表したい。

中島節子

＊　＊　＊

前述したとおり、本書は特殊な状況下で執筆されており、日ごろ無縁な地名や専門用語が頻出する。日本語版では、原文の趣旨をかえない範囲で、とくに明記せずに補足説明を加えたことをおことわりしておく。さらに、日本の読者のため、原書にはない略称一覧、地図、年表、索引を付した。なお訳者が補った註は原注と区別するため〔訳註〕と表記した。

翻訳作業は、分担を決めず、私市が中島の全訳文に、中島が私市の全訳文に目をとおしたのち、意見交換をしながら進めた。したがって、全文について、両者は共同責任を負う。私市は郡山の奥羽大学に、中島は上智大学にと、お互いに何度も足をはこび、納得のいくまで議論を重ねた。さらに行き詰まったときは、著者のアージュロン氏に手紙を書いた。氏は、高齢にもかかわらず、度重なる質問の一つひとつに丁寧に答えてくださった。訳者にとって、これは心強くありがたいことであった。日本語版によせての「まえがき」にも感謝せねばならない。

最後に、本書の出版を決断し、訳者のわがままを受け入れ、根気よくお付き合いしていただいた白水社の和久田頼男氏に、心からお礼申しあげる。

二〇〇二年十月

訳 者

り可決．**12月10日：**ブーメディエンが大統領に選出される．

1977・2月23日：人民議会（国会）選挙．

1978・12月27日：ブーメディエンの死去．

1979・2月7日：シャーズィリー・ベンジャディードが大統領に選出．

1980・4月：「ベルベルの春」事件．

1988・10月5日〜12日：アルジェをはじめ全国の都市で暴動．**11月3日：**憲法改正が国民投票によって可決．

1989・2月：新憲法が国民投票によって可決．複数政党制を承認．

1990・6月：地方選挙で「イスラーム救済戦線（ＦＩＳ）」勝利．

1991・12月：人民議会選挙でＦＩＳの勝利が確定．

1992・1月：軍によるクーデタ．**1月14日：**国家高等委員会（ＨＣＥ）の設立．**3月4日：**ＦＩＳを非合法化．これ以後，体制（軍）とイスラーム原理主義勢力との対立は内乱的状況に陥る．

1994・1月30日：ＨＣＥが，ゼルワール将軍に3年間の暫定大統領を委任．

1995・11月16日：ゼルワールが国民投票で大統領に選出される．

1999・4月15日：ブーテフリカが大統領に選出される（投票前日に他の6名の候補者が辞退表明）．

2002・5月：総選挙でFLNが過半数を制す．しかし野党の選挙ボイコットや46%という低い投票率など治安に懸念．**7月5日：**独立40周年に合わせた爆弾テロで30人死亡．

ルジェリア組織法」により「財務議会」は「アルジェリア議会」と名称変更.

1948・4月：「アルジェリア議会」選挙が実施,「良い選挙」により政府寄り議員が多数を占める.

1954・11月1日：アルジェリア民族解放戦線（FLN）が蜂起し，アルジェリア独立戦争始まる.

1955・2月15日：スステルがアルジェ総督として赴任（～1956年2月2日）．**4月18日～24日**：バンドン会議.

1956・4月：「アルジェリア議会」解散．**4月22日**：ファラハート・アッバースが正式にFLNに参加．**6月**：サハラのハシ・メサウドで油田発見．**8月20日**：FLNはスーマーム会議を開催し，「アルジェリア革命全国評議会（CNRA）」を組織.

1957・1月：マシュー将軍がアルジェ治安軍の全権を与えられる（1960年1月18日解任）．**1月～9月**：「アルジェの戦い」.

1958・5月13日：軍人・同化主義者たちがアルジェ政庁を占拠．マシュー将軍を長とする「公安委員会」設置．**9月19日**：アルジェリア共和国臨時政府（GPRA）の設立が，カイロ，チュニス，ラバトで同時に宣言される．政府はチュニスに置かれ，首相にファラハート・アッバースが任命される.

1959・1月：投獄されていたアルジェリア人たちが釈放される．メサーリー・ハーッジュ自由の身となる．**8月初め**：ド＝ゴールの（第1回）アルジェリア視察.

1960・1月18日：マシュー将軍解任．**1月24日**：「バリケードの週」．**3月3日～5日**：ド＝ゴールの（第2回）アルジェリア視察．**6月25日～29日**：ムラン会談（失敗）．**12月19日**：国連総会でアルジェリア独立の権利を承認.

1961・2月ころ：ヨーロッパ人テロリスト・グループが「秘密武装組織（OAS）」を編成．**5月20日**：第1回エヴィアン交渉始まる（6月13日中断）.

1962・3月7日：第2回エヴィアン交渉始まる．**3月18日**：エヴィアン協定が締結され，19日停戦．**7月1日**：アルジェリア自決のための国民投票で独立賛成が圧倒的多数を占める．**7月3日**：フランスがアルジェリアの独立を承認し．アルジェリアで正式に独立宣言．**7月5日**：独立式典．**8月**：ベン・ベラ派とベン・ヘッダ派の権力闘争で，ベン・ベラ派勝利確定．**9月26日**：ベン・ベラが首相に就任．**10月**：西サハラのティンドゥーフ周辺の国境をめぐりモロッコ—アルジェリアが武力衝突.

1963・9月8日：アルジェリア憲法が国民投票によって承認．FLN一党制とベン・ベラの初代大統領が決定される．**10月**：フランス人の所有であった全ての土地を国有化.

1964・4月16日：FLN第1回全国大会でアルジェ憲章採択.

1965・6月19日：フワーリー・ブーメディエン国防相によるクーデタ．ベン・ベラは逮捕・拘留後，1979年に釈放されたが，1981年国外亡命．**7月5日**：革命評議会を設置し，ブーメディエンが議長に就任.

1967：市町村議会選挙.

1969：県議会選挙.

1971・2月24日：フランス系石油会社の国有化．**11月8日**：農業革命法令（農地改革）制定.

1976・6月27日：国民憲章が国民投票により可決．**11月19日**：新憲法が国民投票によ

1901：植民村マルグリット村が原住民に襲撃される.

1903：イスラーム改革運動家ムハンマド・アブドゥがアルジェリアを訪問し，イスラーム改革運動に大きな影響を与える.

1908ころ：「青年アルジェリア人」が結成される.

1911：原住民義務兵役制の施行．トレムセン住民のシリアへの集団移住.

1919：アルジェリアの全議会（財務運営委員会，県議会，市町村議会）でムスリムの定数増加が認められる．アラブ税廃止.

1920：アルジェリア地方選に勝利したアミール＝ハーリドは，原住民身分法の廃止陳情のためにパリに赴いたが，目的果たせず.

1925・7月：イブン・バーディースが雑誌『アル・ムンタキド（批評者）』を発行し，イスラーム改革運動を開始.

1926：6月20日：メサーリー・ハーッジュの指導下に「北アフリアの星」がパリで結成.

1927・9月：ベン・ジャッルールやファラハート・アッバースらが同化政策を支持する立場から「アルジェリア・ムスリム議員連盟」設立.

1929・11月：「北アフリカの星」解散.

1931・5月：イブン・バーディースらにより「アルジェリア・ウラマー協会」設立.

1933・5月：メサーリー・ハーッジュにより「北アフリアの星」が再建.

1936・6月：第1回ムスリム会議がアルジェで開催．**11月：**ブルム＝ヴィオレット法案（21,000人のムスリム・エリートに完全なフランス市民権を授与する案）の議案上程の決定に対し，ヨーロッパ人右翼と「北アフリカの星」の独立派が反対.

1937・3月：「北アフリカの星」が「アルジェリア人民党（PPA）」として改組される.

1938・9月：ブルム＝ヴィオレット法案が廃案．同化政策の挫折.

1939・9月：PPA幹部が逮捕される.

1940・6月：フランスに親ナチスのヴィシー政権誕生．**10月：**クレミュー法廃止.

1942・11月：英米軍がアルジェリア上陸.

1943・5月：ド＝ゴールがアルジェ到着．**12月：**ド＝ゴールが「コンスタンティーヌ演説」でアルジェリアの解放を示唆.

1944・3月：ファラハート・アッバースらにより，「宣言と自由の友の会」発足．**11月：**原住民身分法の廃止.

1945・5月8日〜13日：コンスタンティーヌ，セティフ，ゲルマで大暴動．**5月13日：**「宣言と自由の友の会」解散命令を受ける.

1946・4月：ファラハート・アッバースが「アルジェリア宣言民主同盟（UDMA）」を結成．**10月：**メサーリー・ハーッジュが「民主的自由の勝利のための運動（MTLD）」を結成.

1947・2月ころ：武装蜂起準備のため「特別機関（OS）」を組織．**9月20日：**「アルジェリア組織法」が制定されたが，ムスリム議員全員が反対表明．「ア

年　表

8世紀初め：アラブ・ムスリムの支配下に入る．イスラーム文明の到来．
13世紀初め〜16世紀半ば：トレムセンにザイヤーン朝栄える．
16世紀初め〜1830年：オスマン帝国によって支配される．ただし1671年以後はデイ体制下で，事実上はイスタンブルの権威から自立．

1830・6月14日：フランスによるアルジェリア征服．
1832・11月：アブド・アルカーディルによる叛乱開始（〜1847年）．
1833・9月：トレーゼル将軍，ビジャーヤ占領．
1837・5月30日：アブド・アルカーディルとビュジョー将軍との間でタフナ協定．**10月：**コンスタンティーヌ占領．
1841・2月：ビュジョー将軍が総督に任命される．制限占領から全面征服へ政策転換．
1843・3月24日：ハブース地（ワクフ地）を国有地として没収．
1847・12月23日：アブド・アルカーディルの降伏．
1848：フランスは憲法によりアルジェリアをフランス領の一部と宣言（同化政策の始まり）．アルジェリアに3県設置．在アルジェリアのフランス人のみにフランス国会への代表権が認められる．アルジェリアに県議会，市町村議会の設置認める（しかし実際に議会が開設されたのは1858年）．
1851〜64：カントンヌマン政策（部族共有地の解体，没収）．
1860・9月17日〜19日：ナポレオン3世のアルジェリア訪問，アラブ王国の可能性に言及．
1865・7月：ユダヤ教徒とムスリムに請求によりフランス国籍を与える法制定（しかし請求者はごく少数であった）．
1870・3月：民政への移行が宣言される．**10月：**ユダヤ教徒にフランスへの集団帰化を認めるクレミュー法制定．
1871・3月14日：ムクラーニーの乱始まる．**3月29日：**アルジェリアが正式に民政移管（陸軍省の管轄から内務省の管轄に移る）．**5月5日：**ムクラーニー戦死．
1873：土地共有制の解体を意図するワルニエ法制定．
1881：アルジェリアをフランス直轄領として併合政策の決定（〜1896年）．アルジェリアはフランスの本省直轄下に入る．原住民身分法の制定（その後，何度か改正されたが，最終的に廃止されるのは1944年）．
1896：コロンの反対により併合政策を廃止．
1898：植民地選出議員による「財務運営委員会」設置（予算決定および行政権を持つ事実上の植民地議会．本国からの自立を強める．）．**1月20日〜25日：**アルジェで反ユダヤ暴動．

ア行

カ行

サ行

ナ行

ハ行

マ行

ヤ行

ラ行

事項

索　引

人名（個人名・部族名・集団名）・地名

ア行

カ行

サ行

タ行

訳者略歴

私市正年（きさいち・まさとし）
一九四八年生まれ
北海道大学文学部卒
中央大学大学院博士課程修了
上智大学外国語学部教授（アラブ・マグリブ地域研究）
主要著訳書
『イスラム聖者――奇跡・予言・癒しの世界』
『イスラム都市研究』（共著）
『イスラームに何がおきているか』（共著）
『現代中東の国家と地方（1）』（共著）
『西アジア史①アラブ』（共著）
ファーティマ・メルニーシー『イスラームと民主主義』

中島節子（なかじま・せつこ）
一九四二年生まれ
上智大学外国語学研究科国際関係論専攻（国際学修士）
奥羽大学文学部教授
主要著訳書
『インド・東南アジアの文様』（共著）
『アンコール遺跡の考古学』（共著）
ジャン・ボワスリエ『クメールの彫像』（共訳）
ブリュノ・ダジャンス『アンコール』
ジャン・デルヴェール『カンボジア』（共訳）

アルジェリア近現代史

二〇〇二年一月三〇日第一刷発行
二〇一〇年五月三〇日第二刷発行

訳者 © 私市正年
中島節子
発行者 及川直志
印刷所 株式会社平河工業社
発行所 株式会社白水社
東京都千代田区神田小川町三の二四
電話 営業部〇三（三二九一）七八一一
編集部〇三（三二九一）七八二一
振替 〇〇一九〇―五―三三二二八
郵便番号一〇一―〇〇五二
http://www.hakusuisha.co.jp
乱丁・落丁本は、送料小社負担にてお取り替えいたします。

製本：加瀬製本
ISBN978-4-560-05857-2
Printed in Japan

文庫クセジュ

社会科学

357 売春の社会学
396 性関係の歴史
483 社会学の方法
616 中国人の生活
654 女性の権利
693 国際人道法
717 第三世界
740 フェミニズムの世界史
744 社会学の言語
746 労働法
786 ジャーナリストの倫理
787 象徴系の政治学
824 トクヴィル
837 福祉国家
845 ヨーロッパの超特急
847 エスニシティの社会学
887 ＮＧＯと人道支援活動
888 世界遺産
893 インターポール
894 フーリガンの社会学
899 拡大ヨーロッパ
907 死刑制度の歴史
917 教育の歴史
919 世界最大デジタル映像アーカイブ ＩＮＡ
926 テロリズム
933 ファッションの社会学
936 フランスにおける脱宗教性の歴史
940 大学の歴史
946 医療制度改革